JN163950

聖人と竜—図説—聖ゲオルギウス伝説とその起源

高橋輝和
Terukazu Takahashi

聖人と竜

図説｜聖ゲオルギウス伝説とその起源

Saint George Slaying the Dragon
Legend and Origin

八坂書房

Terukazu Takahashi
Saint George Slaying the Dragon: Legend and Origin
2017

聖人と竜　図説―聖ゲオルギウス伝説とその起源

目次

【聖ゲオルギウスの各語呼称】

古典ギリシア語	ゲオ(ー)ルギオス
現代ギリシア語	イェオルイオス
ラテン語	ゲオ(ー)ルギウス
ドイツ語	ゲ(ー)オルク
ロシア語	ゲオルギイ
ジョージア語	ギオルギ
アルメニア語	ゲオルグ
シリア語	ゲワルギス
コプト語	ギルギス
英語	ジョージ
フランス語	ジョルジュ
イタリア語	ジョルジョ
カタルーニャ語	ジョルディ
スペイン語	ホルヘ

［02］ジョージア・トビリシの聖ゲオルギウス像、2006年

［01］聖ゲオルギウス殉教1700年記念切手、バチカン、2003年、原画は16世紀のパリス・ボルドーネ、凹版彫刻はチェスラウフ・スラニア

［04］新兵募集ポスター、イギリス、1915年

［03］ソブリン金貨、イギリス、2015年

［05］ドナテロ、イタリア、1416–1417年

［07］ベルナルド・マルトレル、カタルーニャ、
1435年頃

［06］ロヒール・ファン・デル・ウェイデン、フランドル、
1432年頃

［09］アルブレヒト・デューラー、
ドイツ、1501/1504年

［08］パオロ・ウッチェロ、イタリア、1470年頃

［10］ヴィットーレ・カルパッチオ、イタリア、1502–1508年

［11］ラファエロ・サンツィオ、イタリア、1504－1506年頃

［12］ミシェル・コロンブ、フランス、1509－1510年

［14］ピーテル・パウル・ルーベンス、フランドル、1606年頃

［13］フリードリヒ・ズストリス創案、聖遺物箱上部、ドイツ、1590年頃

［16］ギュスターヴ・モロー、フランス、1890年

［15］エーギット・クヴィリン・アーザム、ドイツ、1721年頃

［18］大蛇退治の青銅貨、小アジア・イシンダ
紀元前１世紀

［17］ケトスを退治するペルセウスとアンドロメダの陶器絵
ギリシア、紀元前４世紀

［19］ペルシア兵を攻撃するアレクサンドロス大王
「アレクサンドロス大王の石棺」、小アジア・シドン出土、紀元前４世紀前半

［21］人面ヘビを踏みつける聖ゲオルギウスの 打ち出し銀盤
ドイツ・ヒューフィンゲン出土、6 世紀

［20］ヘビを踏みつけるコンスタンティウス 2 世皇帝の金メダル
ローマ帝国、353 年

［22］サラセン人を追撃する聖ゲオルギウスの写本挿絵、フランス、12 世紀末

［23］聖ゲオルギウスの殉教イコン、ビザンティン・エジプト・シナイ、13世紀

まえがき

間もなくクリスマスの季節が到来しますが、キリスト教の最高行事であるクリスマスを、世界中で一番大騒ぎするのは日本人ではないでしょうか。しかし日本のキリスト教徒は人口の一・五パーセントにすぎません。欧米では国民の六十~八十パーセントがキリスト教徒だと言われます。

日本のどこでも、華麗な照明に輝く街のあちこちに派手なクリスマスツリーが盛大に飾られ、豪勢なプレゼントや豪華なケーキに人々の関心が集まります。最近ではさらに住宅街でも競い合うようにLEDのイルミネーションを飾りつけた家が目につくようになりました。またクリスマスイブには小洒落たレストランやホテルが満席・満室になるほどです。これは全て、はしゃぐ日本人らがキリスト教徒でないからこそできることです。真にキリスト教徒であれば、最も神聖なクリスマスは最も厳粛に祝います。

従って日本ではキリスト教の諸聖人の中で聖母マリアとサンタクロース（聖ニコラウス）の名前だけは昔からよく知られています。近年ではさらに聖バレンタイン（ワレンティヌス）も加わりました。ところが逆に、キリスト教徒であれば小さな子供でもよく知っている重要な聖人をほとんどの日本人は知りません。聖ゲオルギウス（ジョージ）がそうです。この聖人は、聖母マリアの次に著名な人間でありながら、異教徒の日本人は全くの無関心です。これまでのところ日本では聖ゲオルギウスが商業主義的・物質主義的なものに関わりを持ち得なかったからでしょう。

こう述べると、「いや、そうではない。日本にも〈サン・ジョルディの日〉があるではないか」としかられるかも知れません。確かに「サン・ジョルディ」はスペイン・カタルーニャの言葉で「聖ゲオルギウス」を意味しますが、この記念日は全国的に定着しなかった記念日の代表例ではないでしょうか。詳しくは第一章に記しておきました。

そこで本書では、世界中のキリスト教徒に固く信奉されている聖ゲオルギウス伝説の歴史を、図像と文献によって現在から起源にまでたどってみようと思います。こうすることによってキリスト教への理解が多少は深まるのではないかと筆者は期待しています。

第一章 「聖ゲオルギウス国」の誕生

東欧ジョージア

二〇一五年四月の国会で、ある目立たない法律改正案が可決・成立しました。政府が提出していた「在外公館の名称及び位置並びに在外公館に勤務する外務公務員の給与に関する法律の一部を改正する法律案」です。この法律改正には外務省よりもはるかに大きな関心を寄せていた国がありました。それは東欧のグルジア国です。これによって、以前は日本で「グルジア」と呼んでいた国名を「ジョージア」と表記することが公式に決まりました。今後はメディアや出版物もこれに従うことになります。

ジョージア国は大コーカサス（カフカース）山脈の南に位置し、黒海に面する国です【▼図1】。人口は約四百六十万人だそうです。ジョージア語は固有の文字による五世紀からの文献を持っていて、コーカサス諸語の中の有力な言語です。かつてこの国はソビエト連邦を構成していた時代にはグルジア共和

●—001
ジョージアの地図

国と呼ばれていました。日本人にはこの名称がよく記憶に残っています。ソ連共産党書記長スターリン、本姓ジュガシュヴィリはこの国の出身者であり、ゴルバチョフ時代に外務大臣として東西ドイツの再統一に尽力したシュワルナゼも同国人でした。彼は一九九一年に独立したグルジア国の二代目の大統領も務めました。

なぜ日本政府は「グルジア」を「ジョージア」に変更する必要があったのでしょうか。これはひとえに先方からの要請に基づくものでした。二〇一四年十月に来日したグルジアの大統領から安倍晋三首相は直接、日本語での呼称を「ジョージア」に変更するよう要請されたため、安倍首相はこれを受け入れました。しかしこのことは既に二〇〇九年に来日したグルジアの外務大臣からも要望されていました。しかし日本側はアメリカ合衆国のジョージア州との混同を危惧して、呼称の変更には消極的でした。

グルジア側が国名表記を英語風の「ジョージア」に変えるよう各国に働きかけるのには切実な理由がありました。旧来の「グルジア」は、十八世紀よりロシア帝国の支配下にあったことによるロシア語風の表記ですが、しかしグルジア国内で起きた一九九二〜九四年のアブハジア紛争と二〇〇八年の南オセチア紛争の結果、反ロシア感情が高まったためです。アブハジア紛争はアブハズ人がロシアを後ろ盾にしてアブハジア共和国を武力で樹立した事件であり、南オセチア紛争は民族紛争に介入したロシアとの激しい戦闘事件でした。この後ロシア軍がグルジアの南オセチア地方を占拠して、南オセチア共和国の樹立を後援したためにロシアとの外交関係は断絶していると言われます。アブハジアと南オセチアを国家として承認している国はロシア以外にはごく僅かです。

このような事情から現在では既に国連加盟国百九十三か国中の約百七十か国が「ジョージア」系の呼称を用いているとのことです（ジョージア政府観光局）。ドイツでも昔は「グルージエン」とか「グルジーニエン」でしたが、現在は「ゲオルギエン」と呼ばれます。今なお「グルジア」系の呼称を用いるのは東欧の旧社会主義国など少数派です。ただし「グルジア」はロシア語起源ではなくて、中世ペルシア語の「グルジュ」（狼の国）に由来するとされます。現代ペルシア（イラン）語では「ゴルジェスタン」と呼ばれています。ジョージアの南の隣国、トルコでも同様に「ギュルジスタン」、アゼルバイジャンでも「ギュルジュスタン」ですが、アルメニアでは「ヴラスタン」と呼ばれます。しかしこのアルメニア語も同じく「狼の国」を意味します。ジョージアが近隣の民族から「狼の国」と呼ばれるのは、ジョージアの神話によれば彼らの祖先は狼であり、昔のジョージア人が狼を種族の守護神として崇めていたからだと言われます。そう言えば日本でも昔は狼は「大神」と解され、神の使いとして祭られたこともありました。

　ではジョージア国の自称も「ジョージア」に近いものかと言えば、意外にもそうではありません。最近の切手を見ると、国名はジョージア文字で「サカルトヴェロ」と表記され、下方に英語の「ジョージア」が添えられています［▼図2］。サカルトヴェロは「カルトヴェリ人の国（サ……オ）」を意味し、カルトヴェリ人とはジョージアのかつての中心地域「カルトリ」の住民だそうです。カルトリはギリシア・ローマ人の言う「（コーカサスの）イベリア」のことでした。日本について言えば、自国人がつけた自称「やまと」と他国人がつけた他称「ジャパン」のような関係です。他称の英語「ジョージア」やフランス語「ジェオルジ」は中世ペルシア語の「グルジュ」を中世のイギリス人やフランス人らが当地の熱心な聖ゲオルギウス崇拝と結びつけて「聖ゲオルギウス国」と語源俗解したことから生まれたと言われます。オックスフォードの英語辞典を見ると、英語文献に「ジョージア」が出現するのは一四〇〇年頃とされています。

　しかし「ジョージア」の起源については別の考え方もあります。話は一挙にローマ時代にさかのぼりますが、一世紀のローマ人には、黒海の近くに「ゲオ

◉—002
ジョージアの「ヨーロッパ」切手、2015年

ルギ」と呼ばれる民族のいることが知られていました【▼図3左】。西暦四三／四四年に地理学者のポンポニウス・メラが著した『地誌』や博物学者プリニウスが一世紀後半にまとめた『博物誌』に次のような記述があります。

（黒海の北東には）遊牧民らとゲオルギ族を分かつパンティカペス川（現ウクライナのドニエプル川東岸の支流ソマラ川）がある。（『地誌』2,5／『博物誌』4,12）

ゲオルギ族は栽培し、畑を耕す。（『地誌』2,11）

彼ら（アリムバエイ族）の先（黒海の北東）には、すぐスキタイ族、キンメリ族、キッシ族、アンティ族、ゲオルギ族、そしてアマゾンの種族がいる。（『博物誌』6,14）

そうすると、ローマ時代の記録には出て来ませんが、このゲオルギ族のいた地域は古くから「ゲオルギア」と呼ばれていたに違いありません。これはゲルマーニ（ゲルマン）族のいた地域が「ゲルマーニア」（英語Germanyの元）と言われていたのと同じです。中世のヨーロッパ人はメラの『地誌』やプリニウスの『博物誌』をよく知っていたので、コーカサス地方の農耕民族という点から「グルジア人」と「ゲオルギ族」を結びつけて、グルジア国にラテ

◉—003
左はポンポニウス・メラの記述に基づく世界地図の一部、イギリス、1540年。カスピ海の左上にGeorgi「ゲオルギ族」。右はピエトロ・ヴェスコンテの世界地図の一部、イタリア、1320年頃。上がカスピ海で、下が黒海。その左上にGeorgia「ゲオルギア」

ン語の「ゲオルギア」［▼図3右］を当て、そして英語で「ジョージア」、フランス語で「ジェオルジ」と呼ぶことにしたのかも知れません。ただしローマ時代に黒海の北東、つまり大コーカサス山脈の北にいた「ゲオルギ族」と現代の「ジョージア人」が同一民族なのかどうかは定かではありません。しかし私には両者は関係があるように思われます。つまり「ゲオルギ」という民族名は元々、ギリシア人がつけた名前で、ギリシア語の普通名詞 geōrgós「農夫」（gē「土地」+ worgós/wergós「労働者」）に由来します。メラが『地誌』で「ゲオルギ族は栽培し、畑を耕す」と述べている通りです。三世紀の著述家ソリヌスも地理書『世界の不可思議』15, 14 において同様に「ヨーロッパにいるゲオルギ族は畑を耕す」と説明しています。そうであれば、ラテン語の Georgia は当初は単に「農業国」くらいの意味だったのかも知れませんが、後になって聖ゲオルギウスと関連づけられて「聖ゲオルギウス国」と解されることになったのでしょう。古典ギリシア語の geōrgía は「農業、耕地」の意味でした。しかし現代ギリシア語では「ジョージア国」と「ジョージア州」の意味も持っています。

ギリシア語の geōrgós「農夫」はさらに新約聖書では「葡萄栽培人」の意味で用いられていることがあります。

> わたしは真のぶどうの木である、そしてわたしの父はその栽培人である。
>
> （岩隅直訳『ヨハネ福音書』12, 1）

他方ジョージアも農業国であり、その気候と風土は特に葡萄の栽培に適していて、土着葡萄の種類が五百以上もあるそうです。現在ジョージア政府が最も輸出拡大に力を入れているのはワインのようです。ここではワインは大昔から醸造されてきました。ジョージア南部ではワインの残滓が入った新石器時代末期の甕［▼図4左］が出土していて、その年代は考古学者によって紀元前六〇〇〇年（六〇〇〇年の間違いではありません）頃と判定されています。その当時に栽培されていた葡萄の種子も多数発見されています。そこでワイン醸造の発祥地はジョージアではないかと言われます。そうすると「ワイン」という言葉の由来元であったラテン語 vin-um「ウィーヌム」や古典ギリシア語 (w)oĩn-os「ウォイノス／オイノス」自体もインド・ヨーロッパ（印欧）語の枠を超えてジョージア語 ɣvin-o「グヴィノ／グウィノ」（ɣは喉奥を震わせるグ）の古形 *ɣwin-o「グウィノ」（*は推定復元形の印し）にまでさかのぼる可能性があります。［図4右］はジョージアワインの伝統的な醸造に使用される大甕です。この甕の中に葡萄の果汁や果皮、果肉、種を入れ、地中に埋めて発酵・熟成させます。この独特の醸造法は二〇一三年に和食と一緒にユネスコの無形文化遺産に登録されました。紀元前三世紀に使われていた、このような大甕の破片も出土しています［▼図53左］。

ところで既に明らかなように、聖ゲオルギウスのギリシア語名ゲオルギオスは「農夫」を意味したゲオルゴスに由来しているので、聖ゲオルギウスが農業の諺に顔を出すことがあります。これはまた聖ゲオルギウスの伝説的な命日とされる「聖ゲオルギウスの日」（四月二十三／二十四日）の頃がヨーロッパにおける春の到

◉──004　ジョージアのワイン醸造甕、左は紀元前6000年頃、右は現代

来時期とたまたま合致していることとも関係しています。

ゲオルギウスの日に太陽が輝けば、沢山のリンゴが実る。（ドイツ）
ゲオルギウスの日に嵐があれば、間違いなく寒さが続く。（ドイツ）
ゲオルギウスの日に雨が降ると、イチジクが駄目になる。（ドイツ、イタリア）
ゲオルギウスは暖かさと、ニコラウス（五月九日）は飼料と共にやって来る。（ロシア）
ゲオルギウスが来ると鋤が畑に出て行く。（ロシア）

少し脇道にそれましたが、ここで元の話に戻りたいと思います。ジョージア国が「ジョージア」の使用を要望したのは、ロシア革命後に独立して一九一九年に発行した最初の切手にもフランス語で「ジェオルジ」と表記していた歴史がある［▼図5］のと、「サカルトヴェロ」では他国の人に全く理解されないことを心配したためでしょう。ただし人工国際共通語のエスペラントは彼らの自称を尊重して「カルトヴェリーオ」と言います。切手の国名表示にフランス語が使われていたのは、万国郵便連合の公用語がフランス語であったためです。これに応じて当時の日本で発行された世界地図には「ジョルジヤ」や「ジョージヤ」の表記が見られました。［図6中央］に見える右（からの）横書き「ヤジーヨジ」の縦棒は漢字「引」の旁《つくり》から採ったカ

◉—005
ジョージア最初の切手
1919年

◉—006
左は「ジョルジヤ」1921年、中央は「ジョージヤ」1922年、右は「ジョージア共和国」1933年

◉──007　ジョージアの国旗

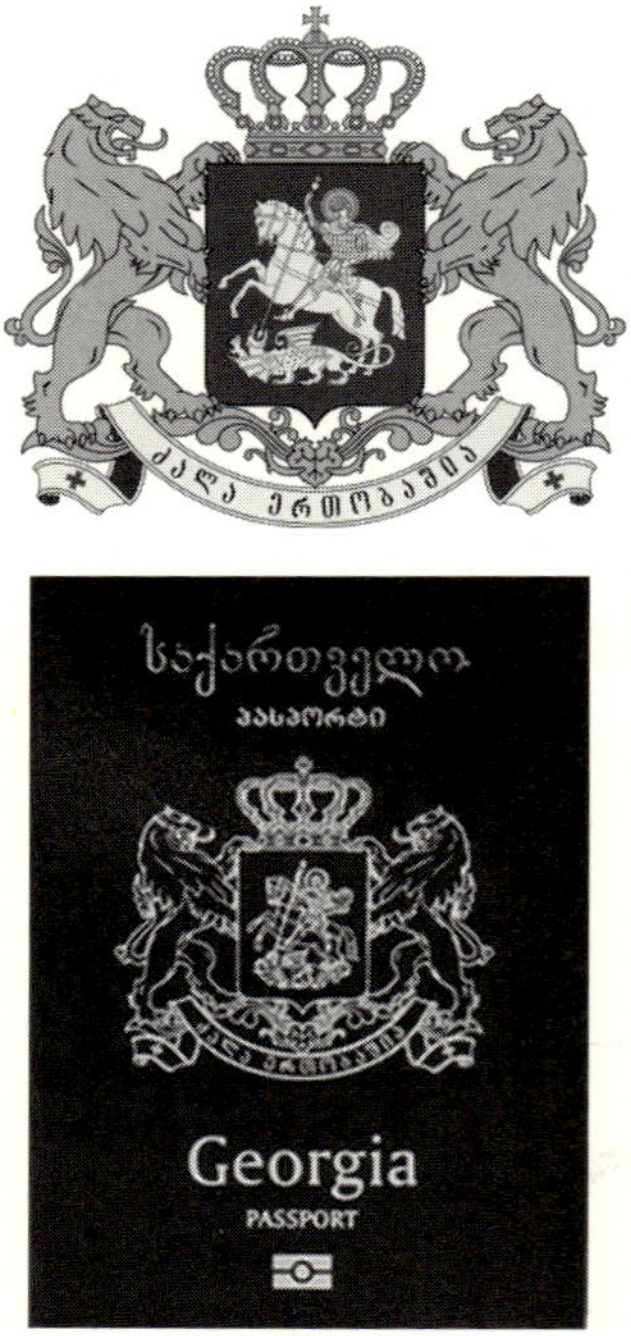

◉──008　ジョージアの国章とパスポート

タカナですので、横書きの場合でも由来通りに縦に引くのが本来の書き方でした。そもそも日本語の右横書きは本当の意味での横書きではなくて、一行一字の縦書きだった訳です。一九三〇年代には既に「ジョージア」の表記もありました［▼図6右］。

一九一九年に発行されたジョージア国の最初の切手には聖ゲオルギウス、ジョージア語で聖ギオルギが描かれています。ジョージアでは昔から聖ゲオルギウスを国の守護聖人として崇めてきました。聖ゲオルギウス伝説の中で最もよく知られている、悪竜（ドラゴン）を退治して王女を救う話は十一世紀にジョージアから広まったと言われます。この国の現在の国旗は白地に聖ゲオルギウスの赤十字とその周りに福音書記者マタイ、マルコ、ルカ、ヨハネを表す四つの小さな赤十字が描かれていますが、これは日本の日の丸と同じくらいに単純明快で、識別性の高い印象的な国旗です［▼図7］。二〇一六年のリオ・オリンピックでは日本の柔道やレスリングの選手がよくジョージアの選手と対戦したので、ジョージアの国旗を目にする機会がありました。国章には馬上から竜を退治する聖ゲオルギウスが描かれています［▼図8］。

ジョージアがアルメニアに次いで世界で二番目にキリスト教に改宗したのは三三七年とされますが、キリスト教を布教したのは聖ニノという女性で、彼女は聖ゲオルギウスの親戚であったと信じられています。ジジョージアの研究者によれば聖ゲオルギウスの崇拝は六世紀頃から国中に広まったようですので、聖ニノと聖ゲオルギウスの関係は後付けの可能性があります。その際、異教時代に崇敬されていた不正と戦う太陰神や太陽神が聖ゲオルギウスと融合したと指摘されています。伝承では聖ゲオルギウスの加勢によって一一二一年には南から攻撃して来たセルジューク・トルコ軍から、一六五九／一六六〇年にはペルシア軍からジョージアは救われたことになっています。ジョージアの存亡をかけた二度の戦闘の際に聖ゲオルギウスが決定的な役割を果たした訳です。これはちょうど、二度の元寇時に吹いたとされる神風伝説によく似ています。十一月二十三日（ユリウス暦十一月十日）は聖ゲオルギウスの車輪刑受難日としてジョージアの法定休日になっています。

聖ゲオルギウス像

ジョージアに限らず、馬にまたがって槍で竜を退治する聖ゲオルギウスの図像や彫像はヨーロッパの各地でよく目にしますし、写真で見たことのある人も多いのではないで

◉──009
聖ゲオルギウス殉教1700年記念切手
バチカン、2003年。原画は16世紀のパリス・ボルドーネ、凹版彫刻はチェスラウフ・スラニア

◉──010　ジョージア、トビリシの聖ゲオルギウス像、2006年

しょうか。それほどキリスト教徒にとって彼は、聖母マリアに次いで馴染みのある聖人になっています。二〇〇三年にはバチカン市国から聖ゲオルギウス殉教一七〇〇年記念の切手［▼図9・口絵1］が出ているくらいです。

退治される竜が何を意味するのかは、国と時代によって異なります。ジョージアの場合は歴史的には勇猛なイスラム教徒を表していたと考えられますが、近年のジョージアでは脅威的な北の隣国ロシアだと解されているに違いありません。ジョージアの首都トビリシの中央広場で三十五メートルの石柱の上に立つ、彫像部分が五・六メートルもある世界最大級の聖ゲオルギウス像［▼図10・口絵2］は二〇〇六年にソ連・ロシアからの独立と自由の象徴として建立されました。皮肉なことに、ロシアの国章［▼図11左］も帝国時代から中央に竜退治の聖ゲオルギウス、ロシア語で聖ゲオルギイが描かれていますし、大統領旗［▼図11右］やモスクワ市の紋章［▼図12］も同様です。もしかしたら聖ゲオルギウスはロシアとジョージアの国境をなす大コーカサス山脈のどこかで身動きが取れずに困っているのかも知れません。

ロシアの大統領旗の中央に聖ゲオルギウス像があるように、ギリシアの陸軍旗の中央にも聖ゲオルギウス像が見られます［▼図13左］。［図13右］の写真はオスマン・トルコの支配（一三五九～一八二一年）からの独立記念日（三月二十五日）のパレードですので、この聖ゲオルギウスが退治する竜はオスマン・トルコだと考えられていたのでしょう。

◉—011　ロシアの国章とプーチン大統領の背後の大統領旗

◉—012　モスクワの市章

イングランド

聖ゲオルギウスを守護聖人にしている国はまだ他にもあります。イングランドがそうですが、イングランドはジョージアに負けない位、聖ゲオルギウスすなわち聖ジョージを崇める国です。イギリスは正式には「グレートブリテン及び北アイルランド連合王国」と呼ばれるように、イングランドとスコットランドと北アイルランドからなる連合国家です。そのイングランドの旗は、ジョージアの国旗と全く同様に、白地に大きな赤十字が描かれていて、聖ジョージ旗とも呼ばれます。イギリスの国旗は、このイングランドの聖ジョージ旗にスコットランドの聖アンドリュー旗（青地に白の斜め十字）と北アイルランドの聖パトリック旗（白地に赤

◉── 013　ギリシアの陸軍旗

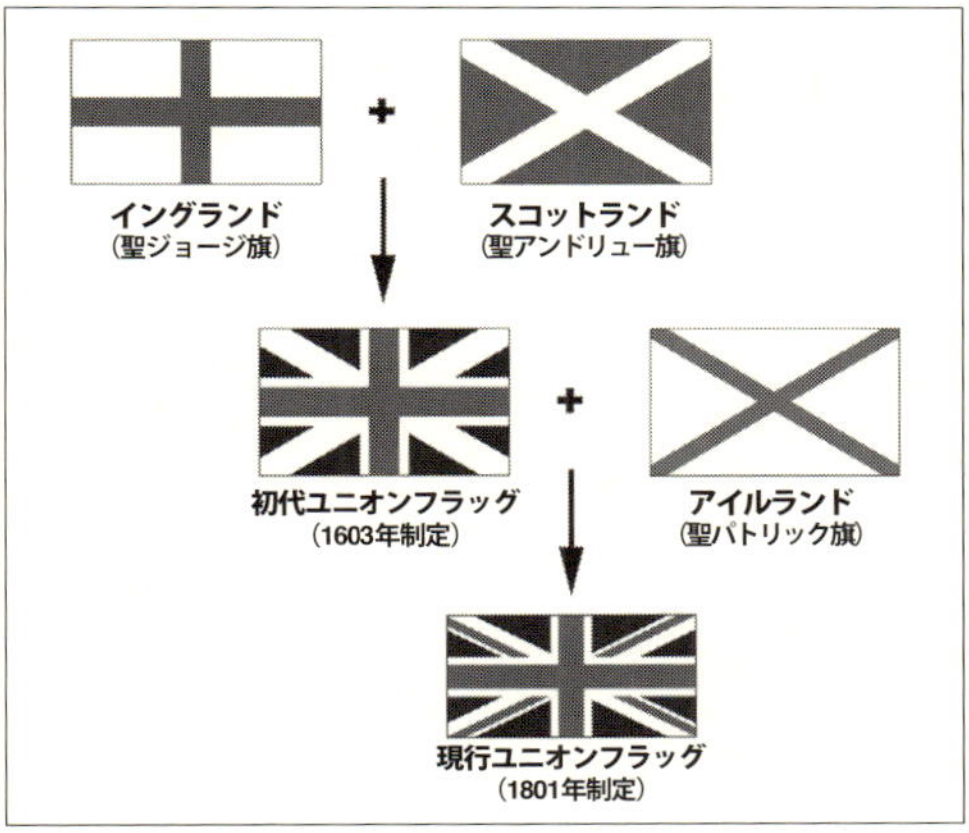

◉── 014　英国旗の歴史

◉── 015　聖ジョージ旗

の斜め十字）を重ね合わせて作られたものです［▼図14］。イングランド人がサッカーのイングランド・チームを応援する際には聖ジョージ旗があちこちではためくのをテレビや新聞・雑誌でよく見かけます［▼図15］。

聖ゲオルギウスがイングランドの守護聖人になったのは、リチャード一世（獅子心王）が第三次十字軍（一一八九〜九二年）に出陣した際に聖ゲオルギウスをイングランド軍の守護聖人として祭り、彼に加護を祈願したのが始まりとされています。そのお陰か、彼はイスラム教徒との戦闘において華々しい勝利をなし遂げて、敵王のサラディンから「キリスト教徒第一の騎士」と称賛されたほどでした。この後、一二二二年にオックスフォードの教会会議で聖ゲオルギウスの命日四月二十三日を祝日にすることが決定されました。

それ故にイギリスの勲章にも聖ゲオルギウスはよく登場します。エドワード三世によって一三四八年に創設されたガーター勲章の首飾りの先端には竜退治の聖ゲオルギウスがぶら下がっています。一八一八年に当時は皇太子であったジョージ四世が創設した聖マイケル・聖ジョージ勲章にも竜退治の聖ゲオルギウスが浮き彫りされており、一九四〇年にジョージ六世が制定したジョージ十字勲章［▼図16］にも同じ図像が見られます。地中海の中央にある島国マルタは第二次世界大戦中の勇敢な国民の行為に対して贈られたジョー

◉—016　マルタに贈られたジョージ十字勲章

◉—017　マルタの国旗

ジ十字勲章を誇らしく国旗［▼図17］の左上に掲げています。

ジョージ六世は現在のエリザベス女王の父親ですが、この王朝にジョージという名前の国王が多いのは特徴的です。七人目のジョージも既に誕生しています［▼図18］。ジョージ二世の時代の一七三二年にアメリカに建設された植民地はこの国王にちなんでジョージアと名づけられ、これが今日のジョージア州になっています。

イギリスではその他にも聖ゲオルギウスがよく引っ張り出されます。［図19・口絵3］はイギリスで二〇一五年に発行された金貨の裏面で、竜退治の聖ゲオルギウスが打ち出されており、反対面はエリザベス女王の横顔です。このような金貨は伝統的に表面の君首の横顔を代えて代々発行されてきたので、ソブリン（君主）金貨と呼ばれます。

◉──020　新兵募集ポスター、イギリス、1915年

第一次大戦の時代

第一次世界大戦は聖ゲオルギウスが大いに活躍した最後の時代でした。この戦争は一九一四年に始まりましたが、当初はすぐに終わるだろうと考

◉──019　ソブリン金貨
イギリス、2015年

◉──018　ジョージ王子2歳誕生日記念銀貨、イギリス、2015年

えられていたようです。しかし長期戦の様相を見せ始めた時、一九一五年になってイギリスは［図20・口絵4］のようなポスター「イギリスは君（達）を直ちに必要とする」を掲示して新兵募集を行いました。このポスターでは竜に立ち向かう聖ゲオルギウスが極めて雄々しく描かれています。大きく描かれた竜は言うまでもなくドイツ帝国とオーストリア＝ハンガリー帝国です。この迫力のあるポスターを見て入隊を決意したイギリスの若者は多かったのではないでしょうか。

［図21］は一九一五年にロンドンで開かれた全国愛国者大会のポスターです。構図はカルパッチオの絵［▼口絵10］に基づいていますが、右上端に見られる救助された女性はイギリスを象徴するブリタニアを表しているのでしょう。［図22］のポスターは戦時国債の宣伝用で、描かれているのは銀貨の裏面です。二〇一五年のソブリン金貨［▼図19］と比べると、この百年間ほとんど図案が変わっていないことが分かります。

しかしドイツやオーストリアの聖ゲオルギウス、いやドイツ語で言うと聖ゲオルクも負けてはいません。

◉—021 全国愛国者大会ポスター
イギリス、1915年

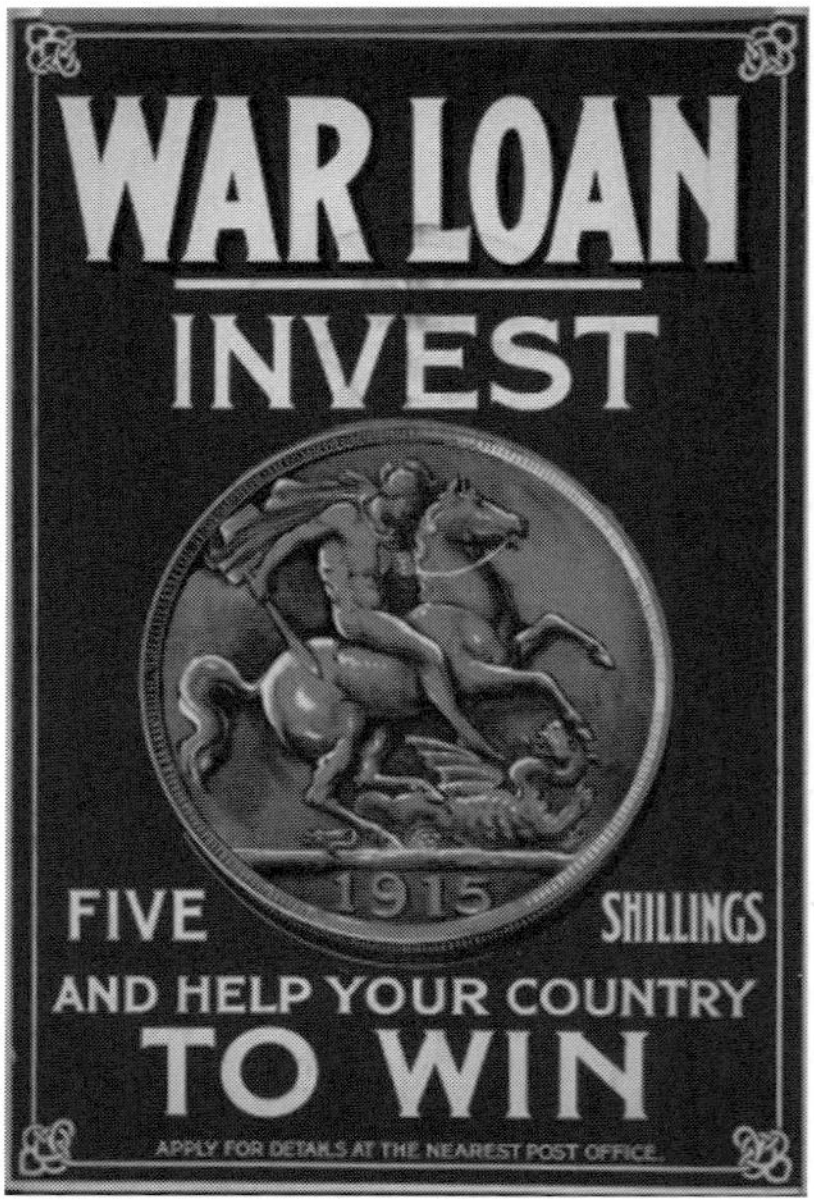

◉—022 戦時国債宣伝ポスター
イギリス、1915年

ドイツでは皇帝が一九一四年七月三十一日に自国民に向けて出した宣戦布告のポスターに聖ゲオルギウスが起用されていました［▼図23］。ここでも聖ゲオルギウスが巨大なワニのような竜を押し倒しています。この竜はもちろんイギリスやフランス等の敵国です。絵の下のドイツ語は次のように読めます。「我らの皇帝よりその国民へ。《重大な時が本日ドイツの上に突然降りかかった。羨望する国々が世界中で我らに正当なる防衛を強要する。我らは剣を手に持たされるのだ。もしも敵国らに理解させて平和を得る余の努力が最後の時に成功しなければ、（最終的には）栄誉をもって剣を鞘に収め得るよう、我らが神の加護をもって剣をかざすことを余は期待する。戦争によって生命財産の途方もない犠牲がドイツ国民に求められるかも知れぬが、ドイツを攻撃することが何を意味するのかを我らは敵国らに示すであろう。そして今や余は汝らを神に委ねる。今から教会へ行き、神の前にひざまずいて、我らの勇敢な軍隊のために神の加護を求めよ》」。このドイツのポスターもまたドイツ人達の戦意を相当煽ったのではないでしょうか。［図24］はオーストリア＝ハンガ

◉—023　ドイツ皇帝の自国民向け
宣戦布告告知ポスター、1914年

◉—024　戦時国債宣伝ポスター
オーストリア＝ハンガリー、1917年

リー帝国で一九一七年に出た戦時国債のポスターです。イギリスと同様、戦時国債の宣伝に聖ゲオルギウスの力を借りようとしています。どちらも「苦しい時のゲオ頼み」という訳でしょうか。

ロシア帝国でも、国章の真ん中に竜退治の聖ゲオルギウスを掲げていただけあって、戦意高揚のために聖ゲオルギウスを使った色々なポスター［▼図25］や切手［▼図26］が作成されています。さらには戦争犠牲者を救援するためにモスクワ市が発行した収入印紙［▼図27］もあります。原画は有名な画家のヴィクトル・ヴァスネツォフが描きました。

前掲のような中世的な雰囲気のポスターは（アメリカでも一九一八年にジャンヌ・ダルクを使ったポスターが作られたことがあります）、さすがに第二次世界大戦時にはほとんど見られません。稀な例は［図28］です。これは一九四三年にポーランド系アメリカ人の団体がナチス・ドイツと戦う祖国、ポーランドを支援するために作成したポスター「ポーランドはナチスの竜と戦う」です。た

◉—025　聖ゲオルギウスの日のポスター
ロシア、1914－1916年

◉—027　戦争犠牲者救援収入印紙、モスクワ市、1914年

◉—026　義援金つき切手
ロシア、1914年

だし戦っているのは聖ゲオルギウスではなくて、八世紀にポーランド・クラクフ市を建設したクラク王です。この王には竜退治の伝説がありますが、これには聖ゲオルギウスの伝説が反映されているに違いありません。

ナチスを竜にたとえるポスターはドイツにもありました。［図29］は一九二四年の国会議員選挙に際してバイエルン人民党が作った宣伝ポスターです。聖ゲオルギウスはバイエルン独特の上着を着ています。竜の胴体には「独裁」と鉤十字が、別の竜の首には共産党のマーク「槌と鎌と星」も見えます。ナチスは歴史上最も竜になぞらえるに相応しい存在でした。チェコスロバキアでは一九四六年にナチス・ドイツによる占領（一九三九〜四五年）終結一周年の記念切手［▼図30］が発行されています。

◉—028　ポーランド支援ポスター
アメリカ、1943年

◉—029　バイエルン人民党選挙ポスター
ドイツ、1924年

◉—030　ナチス占領終結一周年記念切手、チェコスロバキア、1946年

◉── 032　ボーイスカウト創設50周年記念切手、西ドイツ、1961年

◉── 031　ボーイスカウト姿の聖ゲオルギウス
ベーデン＝パウエル画、20世紀初め

◉── 033
アル中防止展示会ポスター、ドイツ、1907年

退治される竜の色々な意味

イギリス人、正確にはイングランド人の大変な聖ゲオルギウス好きにはまだ話の続きがあります。ロンドン生まれのイギリス軍人、ロバート・ベーデン＝パウエルはボーイスカウト運動の創始者ですが、彼はボーイスカウトの活動精神を中世の騎士道に求め、聖ゲオルギウスをボーイスカウトの理想像と考えました。彼の著書『スカウティング・フォア・ボーイズ』（初版一九〇八年）の中には画才のあった彼自身の手になるボーイスカウト姿の聖ゲオルギウスのイラスト［▼図31上］が添えられています。［図31下］も彼が描いたものです。その後、キリスト教徒の多い国々では聖ゲオルギウスがボーイスカウトの守護聖人とされています。その際、退治される竜はボーイスカウトが遭遇する困難や障碍を意味します。［図32］は一九六一年に当時の西ドイツで発行されたドイツにおけるボーイスカウト創設五十周年の記念切手です。念の入ったことに、五十周年の記念行事は聖ゲオルギウスの伝説的な命日四月二十三日に挙行され、記念切手はその前日に発行されました。

さらに、退治される竜が病気を表現する場合もありました。［図33］は一九〇七年にミュンヘンで開かれたアルコール中毒を防止する展示会のポスターです。ここでは八俣大蛇《やまたのおろち》のような竜に巻きつかれた男性を聖ゲオルギウスが救い出そうとしています。複十字が印刷されているスペイン切手［▼図34左］も結核予防に関係する切手であることが分かります。このように聖ゲオルギ

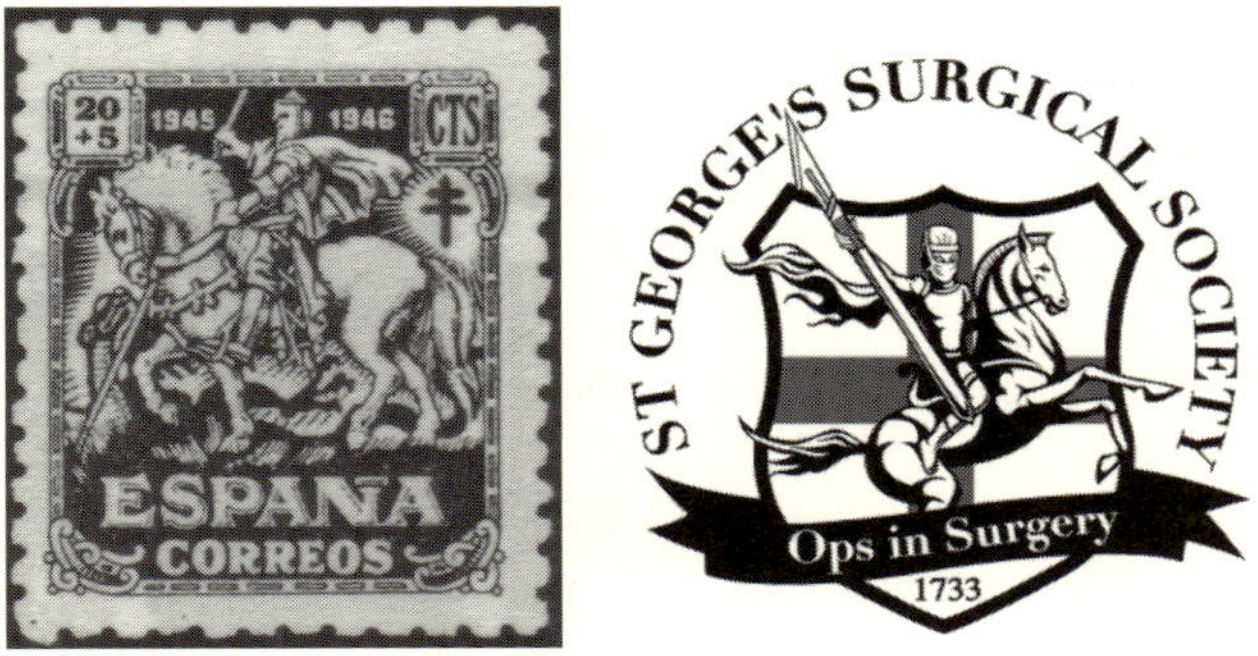

◉—034　左は結核予防基金切手、スペイン、1945年、右はロンドン大 学医学部外科医学生支援会のマーク

ウスに退治される竜は目に見えない病気を可視化できる点で大変便利な表現手段だと言えます。[図34右]はSt. George's「聖ジョージの」と称されるロンドン大学医学部の外科医学生支援会のマークで、手術帽を被り、マスクを付けた聖ゲオルギウスがメスを握っています。

サン・ジョルディの日

四月二十三日の「聖ゲオルギウスの日」を特別な形で祝う所があります。スペイン北東部にあってフランスと接するカタルーニャ（カタロニア）ではこの日は「サン・ジョルディの日」と称し、人々は赤いバラを添えて本を贈り合うとのことです。州都のバルセロナでは露店の本屋が大変な賑わいになるようです[▶図35]。赤いバラは聖ゲオルギウスに退治された竜の血を表しているのでしょうが、本と聖ゲオルギウスの関係は不可解です。それもそのはずで、カタルーニャの人々が本も贈り合うようになったのは、一九三〇年代になってからのようです。当時のカタルーニャは、スペインの中にありながら言語や文化に大きな独自性を有していたにもかかわらず、独裁者フランコ総統によってスペイン語の使用が強制され、民族文化が弾圧されていたために、禁止されたカタルーニャ語の本を贈り合ってアイデンティティーを確認し合う目的があったようです。カタルーニャ人にとってフランコは退治すべき竜だったのでしょう。フランコ死後の一九七七年にカタルーニャは自治権

◉—035　左はバルセロナの「サン・ジョルディの日」
右はバルセロナの旗で、聖ゲオルギウス旗とカタルーニャ旗の組み合わせ

を得たので、「サン・ジョルディの日」はますます重要な祝日になりました。最近ではスペインからの独立の是非が大きな話題になっていると報道されます。

この本を贈り合う「サン・ジョルディの日」に目をつけたスペイン政府は一九九五年にユネスコに対して四月二十三日を「世界・本と著作権の日」とすることを提案して、総会で合意されました。この時、問題になったのは聖ゲオルギウスの命日ではなくて、スペインの国民的な作家セルバンテスとイギリスのシェークスピア、さらにはインカの王族とスペイン人の血を引くペルーの著述家インカ・ガルシラソ・デ・ラ・ベガの命日が三人とも一六一六年の四月二十三日であったことです。シェークスピアの場合には、記録されている洗礼日が一五六四年四月二十六日であることから、誕生日も三日前の四月二十三日だったのではないかと言われます。ただし彼の命日四月二十三日は当時のイギリスで使われていた古いユリウス暦であって、新しいグレゴリオ暦では五月三日になります。

ところが日本ではもっと早く、一九八六年に日本・カタルーニャ友好親善協会と出版・書店業界や生花業界が四月二十三日を「サン・ジョルディの日」に定めて、本と花の販売を促進していますが、業界の思うほどは浸透していないようです。「サン・ジョルディの日」のあること自体知らない人が多いのではないでしょうか。ユネスコでの合意に基づいて日本でも二〇〇一年に公布された「子どもの読書活動の推進に関する法律」では四月二十三日を「子ども読書の日」と定めてはいるのですが。

「本の日」の発祥地であるカタルーニャの人々の心情にはいささか複雑なものがあるようです。ガウディやミロ、ダリなどの天才的な芸術家を輩出し、一九九二年にはスペイン初のバルセロナ・オリンピックを開催したカタルーニャでは、自分達の同郷人ではないセルバンテスの記念祝賀を避けたいという心理が「サン・ジョルディの日」というエレガントな郷土愛の表出につながっていると言われます。彼らの気持ちにはロシアに対するジョージア人の心情に似たところがあって、それが同じく守護聖人としての聖ゲオルギウスを通して表現されている訳です。

イスラム圏の例

竜退治の聖ゲオルギウスは思いがけない所に登場することがあります。[図36]はアフリカ北西部のモーリタニア・イスラム共和国で一九七八年に発行されたラウル・フォレロー財団二十五周年の記念切手です。フォレローは特にアフリカにおけるハンセン病の撲滅に貢献したフランス人でした。この切手にも竜退治する聖ゲオルギウスのような図像が見えますが、何しろイスラム教徒国の切手ですから、聖ゲオルギウス、フランス語で聖ジョルジュだとは説明されていません。しかし退治される竜がハンセン病を意味していることは明白です。このように諸悪を象徴する竜を退治する聖ゲオルギウスのイメージは宗教を越えて大きな汎用性を持っていることがよく理解できます。

次章では竜退治する聖ゲオルギウス像の起源を探ろうと思います。

◉—036　フォレロー財団25周年記念切手、無目打版、モーリタニア、1978年

第二章

聖ゲオルギウスの竜退治

『黄金伝説』の伝える竜退治

聖ゲオルギウスの竜退治を有名にしたのは、イタリア・ジェノヴァの大司教として一二九八年に亡くなったヤコブス・デ・ウォラギネが一二六五年頃に編集したラテン語によるキリスト教聖人伝集『黄金伝説』でした。この書物は多くの人によって書き写されて広まり、そして各国語に翻訳されて、聖書以上に広く読まれたと言われます。グーテンベルクによる活版印刷術の発明後は、聖書の刊行に次いで各国語訳が印刷され、益々広く普及していきました。それ故に「キリスト教的ヨーロッパの強化に役だち、その精神と空想力をつちかい、とりわけ造形芸術の最も重要な霊感の泉となった」(前田敬作)とされるものです。とりわけ竜を退治して王女を救う聖ゲオルギウス像はルネサンス時代の西ヨーロッパで優れた芸術作品が数多く生まれていますので[▼口絵5–12](前章[図9]も参照)。そしてその後も芸術家達の創作意欲をかき立てる格好の題材であり続けました[▼口絵13–16]。

この『黄金伝説』が伝える彼の竜退治は以下のような話です。ここでは前田敬作他訳(人文書院版)の大胆な意訳に代えて、原文に忠実な筆者訳を示してあります。

カッパドキア出身の軍団長、ゲオルギウスはある時、リビアの一地方にあったシレナと呼ばれる町にやって来た。その町のすぐ傍に海のような湖があった。そこには有害な竜が潜んでいて、しばしば武装して立ち向かって来た人々を敗走させ、町の城壁に近づいてはその毒気で全ての人々を害した。それ故にやむを得ず町民らは、凶暴な竜を鎮めるために、毎日羊を二頭与えた。さもなければ竜はそのように町の城壁に襲いかかって、空気を毒したので、多数の人々が亡くなったのだ。

その結果、間もなく羊がほとんどいなくなり、羊らの供給を受けることができなくなったので、人々は相談して羊一頭に人間一人を加えて竜に供した。それで全員の籤《くじ》で住民らの息子や娘らが選ばれ、籤は誰も除外しなかったので、既にほとんど全ての息子や娘らが食い尽くされてしまったある時、王の一人娘が籤に当たり、竜に与えられることが決まった。その時、王は悲しんで「汝らは余の金銀と王国半分を持ち去れ。しかして余の娘が死なぬよう放免せよ」と言った。人々は王に激怒して言い返した。「王よ、汝がこの布告を発したので、今や我らの子供全員が死んでしまった。それなのに汝は自分の娘を救いたがっているのか。もしも汝が他の者らに対して規定した事を自分の娘に対して果たさなかったならば、我らは汝と汝の宮殿を焼き払うであろう」。王はそれを見るや、自分の娘の悲運を悲しみ始めて言った。「ああ、最愛のわが娘よ。余は汝をどうすればいいのか。はたまた何を言おうか。更にいつ汝の婚礼を目にするのであろうか」。そして人々の方に向かって言った。「娘の不運を嘆くために一週間の猶予を余に与えるよう汝らに懇願する」。人々はそれを受け入れたが、一週間の最終日に戻って来て、人々は激怒して言った。「何故に汝は自分の娘のために汝の人民を滅ぼすのか。見よ、全員が竜の毒気で死んでしまうではないか」。その時、王は娘を救い得ないのを見て、彼女に王族の衣装を着せて、抱きしめ、涙を流しながら言った。「ああ、最愛のわが娘よ。余は汝の生む男児らを王家の内奥で養育しようと考えていた。それなのに汝は今から竜に食われに行く。ああ、最愛のわが娘よ。余は汝の婚礼に王侯らを招待し、王宮を真珠で飾り、鼓や楽器の音を聞くことを望んでいた。なのに汝は今から竜に食われに行く」。そして王は彼女に接吻し、手を放して言った。「願わくは、わが娘よ、汝をこのようにして失うよりも、余が先に死んでしまいたい」。その時、彼女は父の足元にひれ伏して、自らの祝福を彼に求めた。父が涙を流しながら祝福すると、彼女は湖へと向かった。

その後、至福のゲオルギウスが偶然、通りかかって、悲嘆している彼女を目にし、何をしているのかと尋ねた。そこで彼女は答えた。「立派な若人よ。早く馬に乗って、逃げなさい。我と共に死なぬよう」。ゲオルギウスは彼女に言った。「心配するな、娘よ。ここで何を待っているのか、我に告げよ。全ての民衆が眺めているではないか」。そこで彼女は答えた。「立派な若人よ。我の見る通り、汝は高潔な士のようですが、我と共に死ぬのを望まないで！　早く逃げなさい」。ゲオルギウスは彼女に言った。「汝が何をしているのかを語るまで、我はここから離れはしない」。そこで彼女が事の全てを説明すると、ゲオルギウスは言った。「娘よ、心配するな。我はキリストの名において汝を救う故に」。そこで彼女は答えた。「良き戦士よ。急いで自分の身を救って下さい。我と共に死なないで。即ち我一人が死ねば十分です。なぜなら汝は我を助けることができませんし、我と共に死にますよ」。

この事を語っている間に、見よ、竜がやって来て、頭を湖から突き出した。そこで乙女は恐れおののいて言った。「良き殿よ。逃げて下さい。早く逃げなさい」。その時ゲオルギウスは馬に飛び乗って、切った十字でわが身を守り、自分に向かって来る竜に勇敢に近づいた。彼は槍を強く振り回しつつ、身を神に委ねて竜を激しく傷つけ、地面に倒して、乙女に言った。「娘よ、何もためらわずに汝の腰ひもを竜の首に投げ掛けよ」。

それをすると、竜はとてもおとなしい小犬のように彼女について来た。それから竜を町に連れて行くと、人々はこれを見るや、山や岡の向こうへと逃げ始め、「ああ何という災いか。すぐに我らは全員、死ぬ故に」と言った。その時、至福のゲオルギウスはうなずいて、彼らに言った。「心配するな。即ち汝らを竜の害悪より救うために、ここへ、汝らの所へ主は我を遣わしたのだ。ただキリストのみを信じて、汝らはめいめい洗礼を受けよ。そうすれば我はこの竜を殺すであろう」。その後、王と全人民は洗礼を受けた。至福のゲオルギウスは剣を抜いて竜を殺し、それを町の外へと運び出すよう命じた。それから四組の牛が外の広大な野原へと引っ張って行った。さらにまたその日には小児と女性を除いて二万の人々が洗礼を受けた。さらに王は至福のマリアと至福のゲオルギウスに敬意を表して驚くほど荘大な教会を建設した。教会の祭壇からは新鮮な湧き水が流れ出して、それを飲むと全ての病人が良くなった。しかし王は莫大な金銭の提供を至福のゲオルギウスに申し出たが、彼はそれを受け取りたがらず、貧者らに与えるよう命じた。その後ゲオルギウスは四つの事について王に短く指示した。つまり神の教会を保護すること、司祭らを敬うこと、神の儀式を熱心に聴くこと、常に貧者らを忘れないこと。次に彼は王に接吻するとそこから立ち去った。しかし他の諸本を読むと、竜が乙女をむさぼりかけている間に、ゲオルギウスは切った十字でわが身を守り、竜に襲いかかって殺したとある。

この竜退治話は、聖ゲオルギウスの殉教伝説の途中に入っていて、木に竹を接いだように全く前後のつながりがありません。このことから、後から生まれた竜退治話をヤコブス・デ・ウォラギネが無理やり本来的な殉教伝説の中に組み込んだのではないかと思われます。

ジョージア版の竜退治

聖ゲオルギウスの竜退治の話は、日本の八岐大蛇《やまたのおろち》神話と同様に、伝説と言うよりもたわいない童話とも言うべきものですが、これを読み聞きした欧米人がすぐに思い浮かべるのは、ギリシア神話にあるペルセウスとアンドロメダの話です。聖ゲオルギウスの竜退治はこのペルセウス神話に影響されているに違いありません。しかし大きな相違点があります。ペルセウス神話では怪物の出現する原因が示されていますが、聖ゲオルギウス伝説では悪竜の出現にその理由が示されていません。ところが十一世紀にジョージアで書かれた最も古い聖ゲオルギウスの竜退治話では、キリスト教の神が異教の偶像を崇拝する不信心な支配者を懲らしめるために悪竜を送り込んだと説かれます。以下に紹介するジョージア語版（ただしプリヴァロヴァによるロシア語訳のウォルターによる英語訳を和訳）は最も古い聖ゲオルギウスの竜退治話ですので、この伝説の発祥地もジョージアだと考えられています。ジョージアでは既に十一世紀末から竜退治して王女を救う壁画がいくつかの教会に見られることもその証拠とされます［▼図37左］。［図37右］は十二世紀後半に描かれた北西ロシア・スタラヤラドガの聖ゲオルギウス教会の壁画で、ロシア最古の竜退治する聖ゲオルギウス像と言われるものですが、［図37左］と同一の構図ですので、ジョージアからの影響は否定できません。

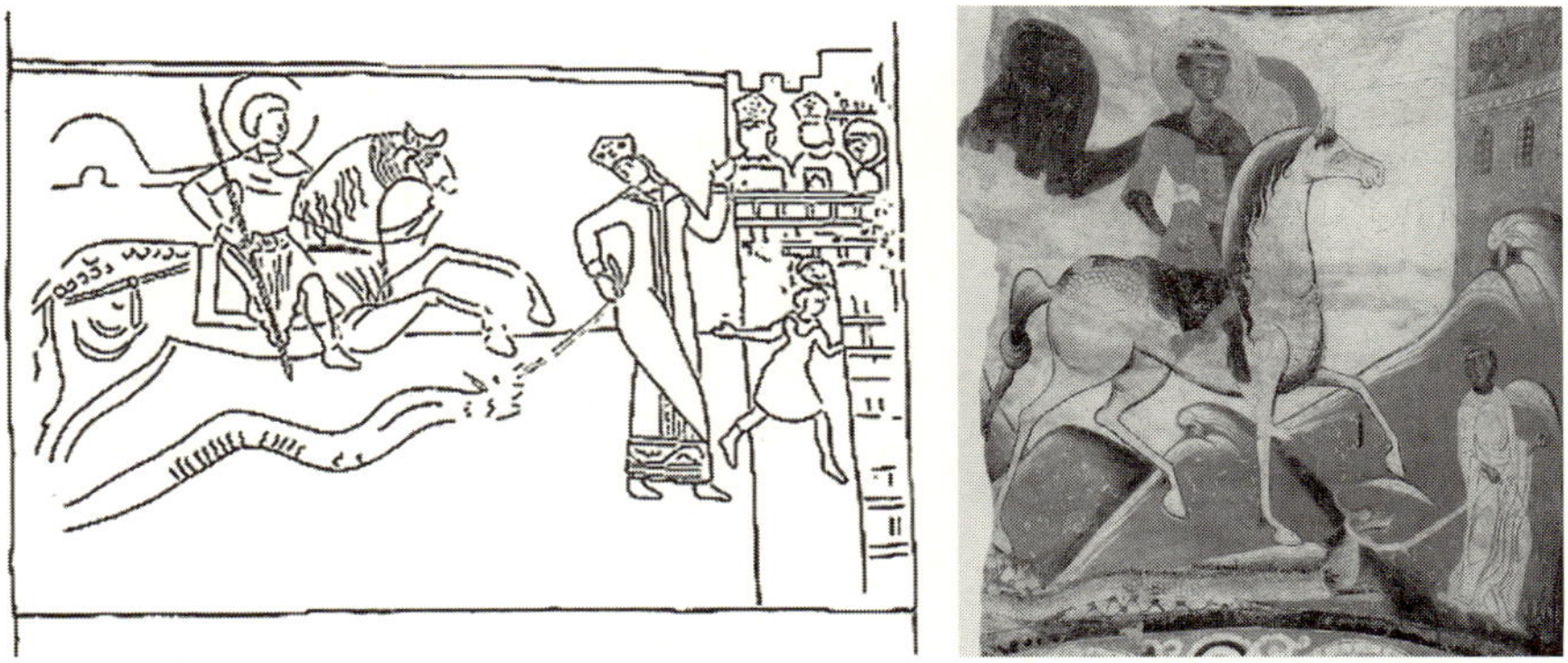

◉—037
聖ゲオルギウスの教会壁画、左はジョージア・アディシ、11世紀末（模写）、右はロシア・スタラヤラドガ、12世紀後半

ラシアの町に不信心な皇帝、偶像崇拝者セリヌスが君臨していた。彼の不信心に対する罰として神は近くの湖に、その町の住民をむさぼり食う怖い竜を送り込んだ。何度も皇帝は対策を講じたが、無駄であった。それほど竜は巨大で、恐ろしいものであった。やがて町の全住民が一堂に会して、皇帝に彼の無力振りをとがめ、幾つかの処置を取るよう強要した。そこで皇帝は住民の一覧表を作成して、各人がわが子を生け贄に捧げるよう提案した。彼は順番が来たら、自分の一人娘を差し出すと約束した。そしてこのように決定された。

皇帝の番になった時、彼は娘に皇族の紫衣を着せ、結婚式のように彼女を飾り立てると、涙を流し、嘆きながら彼女を連れて現れた。皇帝は、もしも自分の一人娘を手元に残しておくことができるのなら、人々に金銀と帝国を償いに提供すると申し出たが、人々は聞き入れなかった。彼らは全員、皇帝の娘を見に集まった。

しかしながら主は、その当時まだ存命していた聖ゲオルギウスの名において奇跡を成し遂げることを望んだ。彼はディオクレティアヌスの軍隊からカッパドキアの領地に戻る途中であった。彼はその湖畔で馬に水を飲ませるために立ち止まった。その時、彼は土手の上で泣き悲しんでいる少女を目にした。彼女はその窮状を説明した。彼女は自らの窮状を説明した。ゲオルギウスは、彼女の町ではいかなる神を礼拝しているのか尋ねた。彼女は「ヘラクレス、アポロ、サカマンドロスと偉大な女神アルテミスを」と答えた。ゲオルギウスは彼女を安心させて、目を神の方に挙げると、奇跡をなして、竜退治を手助けするよう請い求めた。神がゲオルギウスと共にあることを全ての人々が目にするためであった。すると声が答えた。「汝の望む事を行え。我は汝と共にあり」。

その瞬間に竜が姿を現した。ゲオルギウスは急いでその方に向かい、十字の印しを切って、その野獣を彼に従順な動物に変えるよう主に願った。ゲオルギウスがこの祈りを口にすると、竜は彼の足元に倒れた。聖人は竜を少女の腰帯でつないで彼女に渡し、近くの町へ行くよう告げた。人々はこれを見ると、怖がって、逃げる支度を始めた。ゲオルギウスは彼らをなだめて、キリスト教徒になるように命じた。その後、全員がキリストに対する信仰を認めた。

するとゲオルギウスは剣を抜いて、竜を殺した。その後、人々は集まって、聖人の足元にひれ伏し、主に感謝した。聖ゲオルギウスはアレクサンドロス主教を呼びにやり、主教は皇帝やその廷臣と全住民をその後の数日中に洗礼した。全部で四万五千人であった。町中が大喜びした。皇帝はその聖人に敬意を表して聖堂を建てさせた。聖ゲオルギウスはその聖堂の中に入って行って、奇跡を起こした。祭壇の傍で彼は活力を与える湧き水を流れ出させた。それは今でも奇跡を起こし続けている。

このジョージア版の竜退治話と『黄金伝説』の竜退治話を比べてみると、前者の方は平板で単調ですが、後者の方が物語としてはかなり面白くなっていることが分かります。

キリスト教の神が異教の偶像を崇拝する不信心な支配者を懲らしめるために悪竜を送り込んだというジョージア版の理由づけも説得力を欠きます。異教徒の国や土地は他にも無数にあったのに、何故にこの地だけに悪竜が送り込まれたのか全く理解できません。他方、『黄金伝説』が悪竜出現の原因を語っていないのは、何か意味がありそうです。

『黄金伝説』の編者ヤコブス・デ・ウォラギネが無理を承知で聖ゲオルギウスの竜退治話を彼の殉教伝に付け足したのには、それなりの理由があったのではないかと言われることがあります。彼が生きた十三世紀の前半はカタリ派と呼ばれるキリスト教の異端派が大問題になった時代でした。カトリック教会は一二〇九年に南フランスで勢力を拡大していたカタリ派を討つために十字軍を差し向けて幾多の攻防の結果、一二二九年に勝利を収めました。しかしその後も一二五五年までカタリ派の小規模な反乱が続きました。このカタリ派に対する十字軍の指揮を最初に執った北仏諸侯の一人、シモン・ド・モンフォールは当時、「新しい聖ゲオルギウス」と称えられたとのことです。そうするとヤコブス・デ・ウォラギネが竜退治話を組み込んだのは、この「新しい聖ゲオルギウス」が異端派という悪竜を退治して、王女にたとえられるカトリック教会を救ったと言いたかったからかも知れません。しかし悪竜とみなされたカタリ派の出現と拡張はカトリック教会に対する不満が背景にあったとされますので、ヤコブス・デ・ウォラギネは悪竜の出現理由については口を閉ざさざるを得なかったのでしょう。

ギリシア神話との関係

ペルセウス神話に登場する怪物の方は人間の愚かさが招いた災いでした。アンドロメダの母親はエチオピアの王妃カシオペアですが、彼女はある時、美しい海の女精（ニンフ）の誰よりも自分の方がはるかに綺麗だと自慢したために、彼女らの憤激を買い、彼女らに泣きつかれた海神ポセイドンは王妃を懲らしめるために怪物ケトスをエチオピアに差し向けました。洪水や疫病などの災害を起こして国土を荒らすケトスに手を焼いた国王が神官に求めて

◉—038
ペルセウスとアンドロメダの陶器絵、ギリシア、紀元前6世紀。KETOSは右への横書き、PERSEUSとANDROMEDAは左への横書き。ペルセウスは石ころを投げつけようとしている。足元にも石ころ。左腕にはメドゥーサの首を入れた袋

得た神託は、娘のアンドロメダをケトスの餌食にすれば、災いは収まるというものでした。

ケトス（ギリシア語 kētos、ラテン語 cetus）は本来、クジラやシャチ、イルカ、サメ、マグロ等の大型海洋生物を念頭に考え出された怪物であったと思われます。古い時代の陶器絵［▼図38・39・口絵17］ではそのように描写されていますが、後の時代の陶器絵［▼図40］にはまさに悪竜らしく描かれています。ところが時代が下ったローマ帝国時代とかビザンティンのモザイク画［▼図41］やこれと同一構図のコイン［▼図42］では海ヘビに変わ

◉── 039　ペルセウスとアンドロメダの陶器絵、ギリシア、紀元前4世紀

◉── 040
ペルセウスとアンドロメダの陶器絵、
南イタリア、紀元前350年頃

◉── 041　ペルセウスとアンドロメダのモザイク画
足元に退治されたケトス、ペルセウスの左手にメドゥーサの首。
左は小アジア・ガジアンテプ、ローマ帝国時代、右はビザンティン、6/7世紀

◉── 042　ペルセウスとアンドロメダの青銅貨
足元に退治されたケトス、左の他面はマクリヌス帝の肖像、ローマ帝国、217–218年、
右の他面はゴルディアヌス3世皇帝の肖像、ローマ帝国、238–244年

っています。今日でもこの怪物ケトスは関係者達と同様に星座「くじら座」(Cetus) として星空で見られます。しかし「くじら座」のイメージは私達が普通に思い浮かべるクジラではなくて、やはり怪獣であることには変わりありません。ちなみに英語の cetology「クジラ学」とか cetacean「クジラ類」の cet(o)- は普通に「鯨」を意味します。新約マタイ伝 12, 40 で「ヨナが三日三晩、大魚の腹の中にいた」と言われる大魚もケトスでした。

ギリシア神話にはもう一つよく似た伝説があります。ペルセウスとアンドロメダの曾孫ヘラクレスがトロイアの海岸で王女ヘシオネを海の怪物ケトスから救う話【▼図43・44】ですが、この場合も怪物の出現は人間の側に責任がありました。トロイア王は城壁の建設を、人間に変身して王の人格を試すために現れたポセイドン神とアポロ神に依頼しておきながら、約束の報酬を神々に支払わなかったので、それを怒ったポセイドンが海から怪物を送り込んで住民を苦しめ、アポロは疫病をはやらせました。そこで神託に従って、籤に当たったヘシオネが海の怪物の餌食にされることになった訳です。この伝説はペルセウス・アンドロメダの話ほどは有名でないのですが、『黄金伝説』における籤引きのアイデアはこちらから取り入れられたのかも知れません。

『黄金伝説』以前の竜退治図

先に聖ゲオルギウスの竜退治はヤコブス・デ・ウォラギネが一二六五年頃に完成させた『黄金伝説』によって有名になったと述べました。しかし聖ゲオルギウスの竜退治話は西ヨーロッパのキリスト教会でももっと早くから知られていました。【図45左】はイタリア・コンコルディアサジタリアにある洗礼堂の壁画で十一世紀に描かれたものです。左手の奥に王女の姿が見えます。フランスのクレサク＝サンジェニの教会の壁

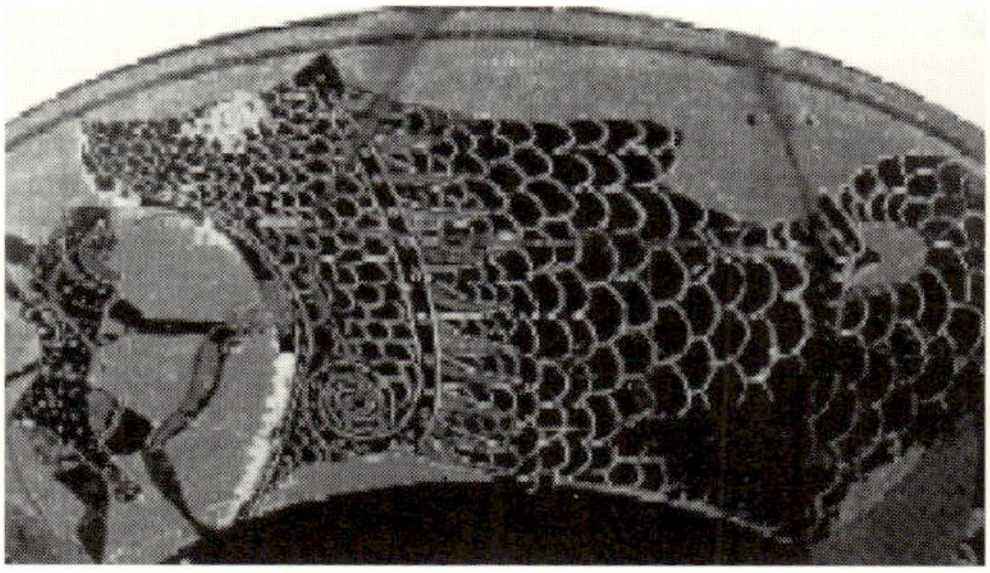

◉── 044　ケトスを退治するヘラクレスの陶器絵
(ヘラクレスの左にヘシオネが描かれている由)
ギリシア、紀元前540年頃

◉── 043　ヘラクレスとヘシオネの陶器絵
ギリシア、紀元前550年頃

◉── 045　王女を救出する聖ゲオルギウスの壁画、左はイタリア・コンコルディアサジタリア、11世紀、
右はフランス・クレサク＝サンジェニ、1170－1180年

◉── 046
剣で戦う聖ゲオルギウス像、左はフランスの写本挿絵、11世紀末、右はイタリア・フェラーラの浮き彫り、1135年頃

に一一七〇～八〇年に描かれた聖ゲオルギウスは左手の王女と右手の竜の間に立っています［図45右］。十一世紀末のフランスの写本挿絵［▼図46左］では聖ゲオルギウスは剣で竜と戦っていますが、王女は描かれていません。［図46右］は北イタリアのフェラーラにあるサン・ジョルジョ（聖ゲオルギウス）大聖堂の正面入り口の上にはめ込まれている竜退治の聖ゲオルギウス像です。この大聖堂の完成は一一三五年とされていますので、『黄金伝説』よりも百三十年も前になります。［図46］の二つの竜退治する聖ゲオルギウス像は本来、王女救出とは無関係であったのかも知れません。［図47左］は第一次十字軍が占領地に建てた国の一つ、中東のアンティオキア公国で摂政を務めたサレルノ伯ロジェ（一一一二～一九年）のコインで、槍で竜退治する聖ゲオルギウスの右に「ゲオルル」と名前が記されています。十二世紀初めのフランスの写本挿絵［▼図47中央］やイタリア・ペトレラティフェルニナにある殉教者聖ゲオルギウス教会の一二〇〇年頃の聖ゲオルギウス［図47右］でも、馬上から槍で戦う聖ゲオルギウス像の定型が確立しています。しかしここでも王女救出が背景にあったのかどうかは分かりません。

［図48］は南ドイツ・バンベルクの司教座聖堂参事会の公文書に火熱で溶かして垂らした蜜蠟に押印された印章で、周りにラテン語で「聖ゲオルギウス」と彫られています。左は一〇九七年の、右は一一一六年の文書に押されていますので、この押印は西ヨーロッパで年代が明白な最古の竜退治する聖ゲオルギウス像だとみなされてきました。ただしこの場合も王女救出とは無関係だったのではないでしょうか。［図49］は、髭を生やしているので聖テオドルス（シオドア、セオドール）と思われる青銅レリーフですが、十／十一世紀にビザンティンの小アジア東部で作製されたと考えられるものです。同じ鋳型から作られたものが三点もミュンヘンにあることと、ヘビの身のくねらせ方がバンベルクの聖ゲオルギウス印章とよく似ていることから、バンベルクの印章の手本だったのではないかと考えられます。

◉── 047
槍で戦う聖ゲオルギウス像、左はサレルノ伯ロジェのコイン、中東・アンティオキア公国、1112–1119年、中央はフランスの写本挿絵、12世紀初め、右はイタリア・ペトレラティフェルニナの浮き彫り、1200年頃

◉── 048　聖ゲオルギウスの印章押印、ドイツ・バンベルク、1097年・1116年

◉── 049
聖テオドルスの青銅レリーフ
ビザンティン・小アジア東部、
10/11世紀(?)

竜退治像の起源と伝播

竜退治する聖テオドルス像と同様に、竜退治する聖ゲオルギウス伝説の起源がビザンティンの地中海東部地域にあったことは間違いがなく、そこでは既に六／七世紀に由来する竜退治の聖ゲオルギウス像が確認されています。［図50］は小アジアのスミュルナ（現トルコ西部のイズミル）で第二次大戦前に発見されていた金属製の鋳型ですが、公表されている写真を左右反転させると顔の横に彫られているギリシア文字は「オ（＝定冠詞ホ）ゲオル」と読めます。ただし彫刻の技術は拙劣で、馬に踏みつけられているヘビはジグザグですし、右手に握っている槍の位置も極めて不自然です。これは溶かした鉛か錫を流し込んで作る巡礼記念品の鋳型だったと考えられています。当時のスミュルナはヨハネ黙示録2,8でも言及されるほど有名なキリスト教の重要都市でした。

このスミュルナの聖ゲオルギウス像には手本になったと考えられるものがあります。スミュルナ近くのピシディアのイシンダ（現トルコ南西部のキシュラ）で紀元前一世紀に作られた青銅貨［▼図51・口絵18］がそれです。図像は騎乗戦士が槍で大蛇を退治している所ですが、これは歴史的な事件を表現していると思われます。紀元前一八九年にピシディアでテルメソスと他の諸都市との間に紛争が起こり、イシンダはテルメソス軍に攻囲されてしまいました。この時これを知った小アジア遠征中のローマ共和国執政官、グナエウス・マンリ

◉—050
聖ゲオルギウスの鋳型、ビザンティン・小アジア・スミュルナ、6/7世紀

ウス・ウルソがイシンダ側の依頼を受けてテルメソス軍の攻囲を解除し、テルメソスに罰金を科しました。この事から考えると、イシンダで紀元前一世紀に何度も発行された青銅貨の騎乗戦士はイシンダの恩人、ウルソであり、大蛇はテルメソス軍を表現しているに違いありません。

ジョージアは古くからビザンティンの影響下で聖ゲオルギウスに対する信仰が篤いだけあって、六世紀には竜退治する聖ゲオルギウス像が登場しています。ヨセリアンの『簡略ジョージア教会史』によれば、六世紀末から始まるグアラム朝の時代に国章の一部に聖ゲオルギウスの竜退治図が採用されたのが最初とされます。グアラム朝初代のグアラム一世はビザンティン帝国と密接な関係を持っていて、東ローマ皇帝から「宮宰」という最高の官位を受けたほどでしたので、聖ゲオルギウスの竜退治図も東ローマから受容したに違いありません。[図52]はジョージア・ホジョルニの教会廃墟から一九五〇年

◉—051　大蛇退治の青銅貨、他面はゼウス神の肖像、小アジア・イシンダ、紀元前1世紀

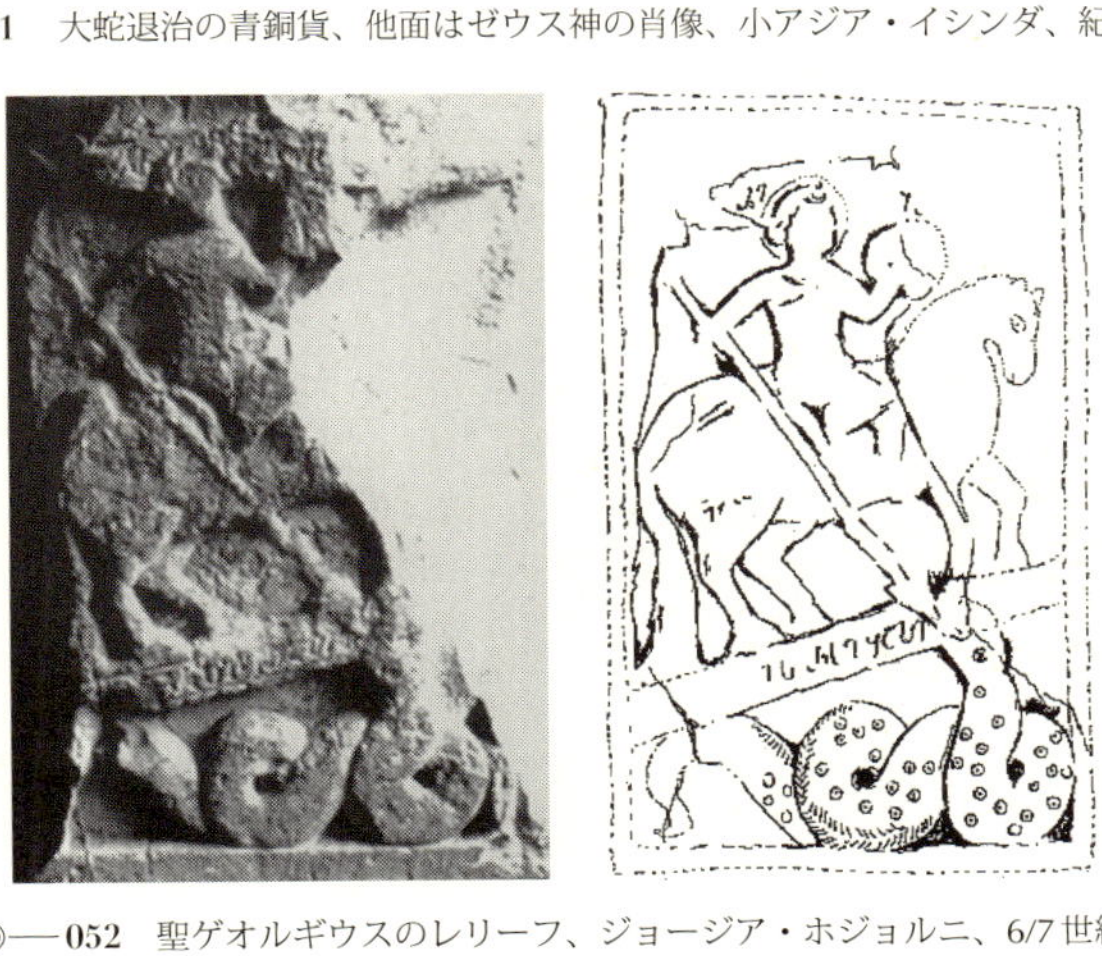

◉—052　聖ゲオルギウスのレリーフ、ジョージア・ホジョルニ、6/7世紀

代に出土した六／七世紀のレリーフで、ジョージアの研究者によれば頭上に聖ゲオルギウス（ジョージア語でギオルギ）の名前が、馬の足元には「これは竜なり」と彫り込まれているとのことです。ジョージアでは古代から騎乗戦士の像が陶器絵［▼図53左］に見られ、悪と戦う騎乗神［▼図53右］も篤く信仰されていたために、聖ゲオルギウスの騎乗像が容易に受容されたと考えられています。

エジプトには早くも四／五世紀に竜退治する聖ゲオルギウス像が伝わっています。［図54］はエジプトのキリスト教一派、コプト教の信徒が葬られていた砂漠の墓から出土した織物です。これらには聖ゲオルギウス（コプト語ではギルギス）という名前は記されていませんが、後世のコプト教会における聖ゲオルギウス信仰の篤さから見て、これらの図像は聖ゲオルギウスの竜退治と考えられます。

筆者は、ギリシア神話のペルセウス・アンドロメダ型伝説に基づいて聖ゲオルギウスの竜退治像が生まれたのだろうと考えていました。ところが竜退治の聖ゲオルギウス像が既に四／五世紀に登場しているとなると、『黄金伝説』が伝えるような竜退治話は後付けの話だったのではないかと思われます。つまり先に早くから現れていた竜退治の聖ゲオルギウス像を見たジョージア人が十一世紀になってからギリシア神話のペルセウス・アンドロメダ伝説やヘラクレス・ヘシオネ伝説を思い出して両者を結びつけ、聖ゲオルギウスの

◉—053
左はジョージア出土の騎乗者陶器絵、紀元前3世紀、右は騎乗神の金製印章指輪、紀元前4世紀

竜退治話を再構築したに違いありません。そこで、最初に四／五世紀に現れた竜退治の聖ゲオルギウス像をI型と呼び、十一世紀に生まれた竜退治＋王女救出の聖ゲオルギウス像をII型と呼んで両者を区別しておく必要があります。この区別は第三章で再度取り上げます。

◉── 054
聖ゲオルギウスのコプト織、エジプト、上の2点は4/5世紀、下は8世紀

ギリシア神話における怪物退治

ペルセウス・アンドロメダ伝説やヘラクレス・ヘシオネ伝説の他にもギリシア神話には英雄達が色々な怪物や竜、大蛇を退治する話があります。この種の話はどの民族の伝説にもあるものですが、古代のギリシア人は神や英雄が大蛇のような怪物を退治する話が特に好きだったようです。そのような話を拾い出してみると次のように沢山ありました。

1 クロノス神とオピオネウス
2 テュポンを退治するゼウス神 [▼図55]
3 ピュトンを退治する幼時のアポロ神 [▼図56]
4 竜退治するカドモス [▼図57]
5 竜退治するイアソン [▼図58]
6 ラドンを退治するヘラクレス [▼図59]
7 ヒュドラを退治するヘラクレス [▼図60・61]
8 キメラを退治するベレロポン [▼図62–64]

最後に挙げたキメラはライオンの背にヤギの頭部が付き、尾はヘビになっている怪獣ですが、これがＳＴＡＰ細胞騒動の際に話題になった二組の異なる遺伝子セットを持つ「キメラマウス」の語源でした。

◉—055
ゼウス神の陶器絵、ギリシア、紀元前550年頃

◉—056
アポロ神の銀貨、他面はヘラクレス像、
南イタリア・クロトン、紀元前420–390年頃

◉── 057　カドモスの陶器絵
左はギリシア・エウボエア、紀元前560–550年、右は紀元前4世紀

◉── 059
ヘラクレスのレリーフ皿、ローマ時代

◉── 058　イアソンの陶器絵
ギリシア、紀元前4世紀

◉── 061　ヘラクレスの銀貨、他面は雄牛、
クレタ・パイストス、紀元前300年頃

◉── 060　ヘラクレスの陶器絵
エトルリア、紀元前525年頃

◉── **062**　ベレロポンの銀貨表裏、ギリシア・コリント、紀元前4世紀

◉── **063**　ベレロポンのモザイク画、小アジア・ロドス、紀元前3世紀

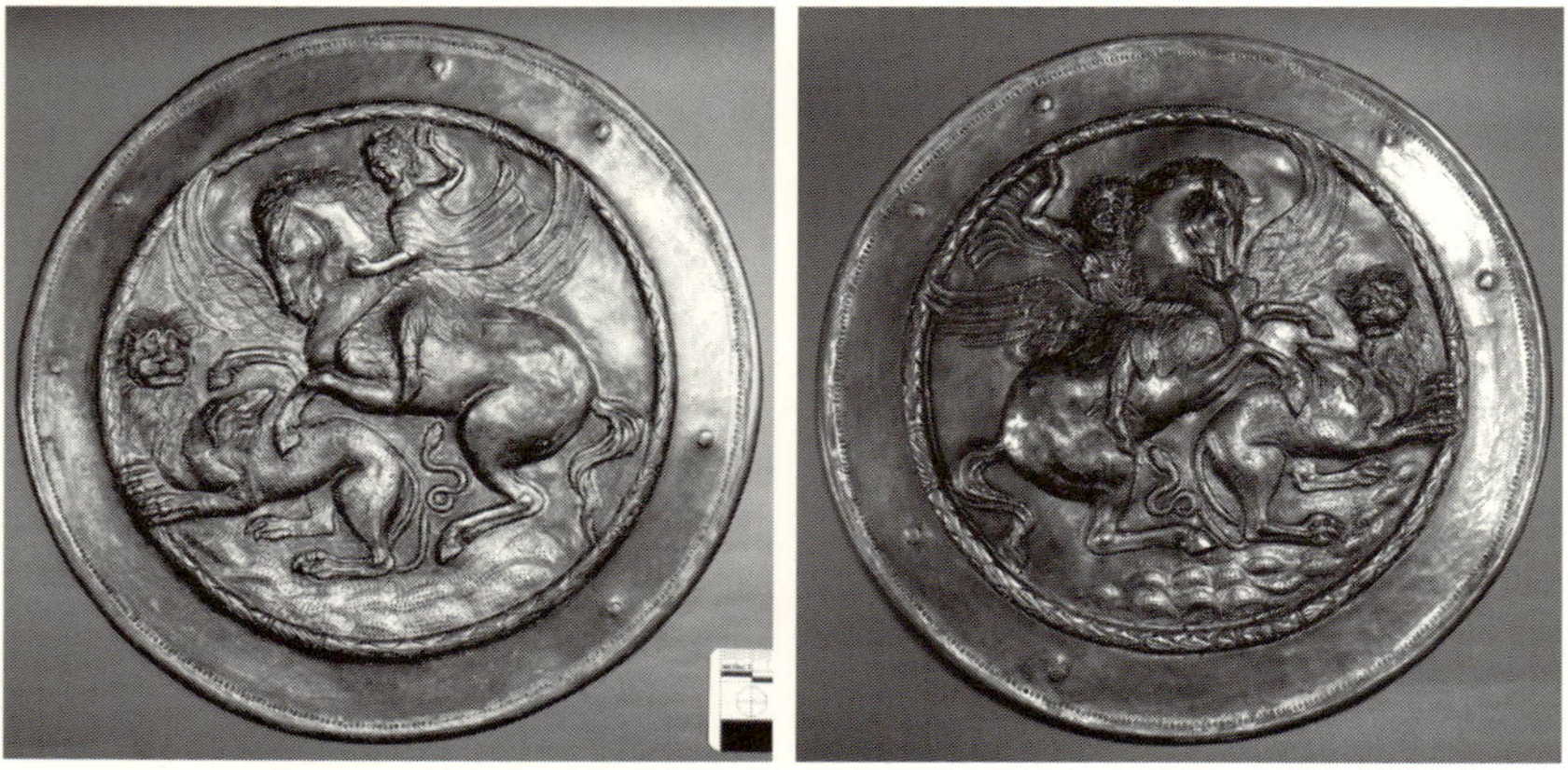

◉── **064**　ベレロポンの打ち出し銀盤、西カザフスタン出土、紀元前2世紀

古代の野獣狩り図

昔は南ヨーロッパにもライオンがいたので、実際のライオン狩りを題材にしたコイン［▼図65］や印章［▼図66］もありました。［図67］はローマ帝国時代の二三〇年にアレクサンドロス大王と彼の父親を記念して故国のマケドニアで開催された競技会の優勝者に授与した金メダルの複製です。この複製銀メダルには元の金メダルを所有するフランス国立図書館の刻印が打たれています。［図68］はトルコのアンバラシで出土した二世紀の石棺の側面です。ここには被葬者の勇敢さを伝えるためにライオン狩りの場面が浮き彫りされています。

◉—065　アミュンタス3世の銀貨表裏
ギリシア・マケドニア、紀元前393–370/369年

◉—066　騎乗狩猟者の玉髄製印章
ギリシア、紀元前4世紀

◉—067　アレクサンドロス大王記念競技会メダル（複製の中央部）、他面は大王の肖像、ローマ帝国・ギリシア、230年

◉—068　アンバラシ出土の石棺
ローマ帝国・小アジア、2世紀

騎乗者がヒョウ狩りをしている[図69]はパレスティナのマリッサにある紀元前三世紀の墓室内壁画です。騎乗者の顔が損傷しているのはイスラム教徒のせいです。

その他の野獣狩りも図像化されています[▼図70-75]。最もよく見られるのはイノシシ狩りです。ローマ帝国時代の一世紀に作られたカメオ[▼図71]はアレクサンドロス大王のイノシシ狩りを表現しています。

[図72]はローマにあるコンスタンティヌス大帝凱旋門(三一五年落成)の一部ですが、二つの円形レリーフはハドリアヌス帝の時代(一一七~一三八年)のもので、イノシシ狩りやクマ狩りをしているのは本来はハドリアヌス帝でした。ただし首の部分はコンスタンティヌス大帝の首にすげ替えられていると言われます。ここでも野獣狩りを好んだ皇帝達の雄々しさが表現されている訳です。

[図73]はギリシアのテッサロニケ(テサロニキ)で発見された二世紀の騎乗狩猟者のレリーフです。これは早死にした、ある勇敢な若者の追悼碑でした。残念なことに、碑文の記されていた台座が残っていないので、被悼者の名前は分かりません。しかし等身大に作製されていることから見て、かなり有力な家系の人物だったのでしょう。右端の樹木にからみついている大蛇は狩猟の対象ではありませ

◉── 069 マリッサ出土の墓室内壁画、パレスティナ、紀元前3世紀

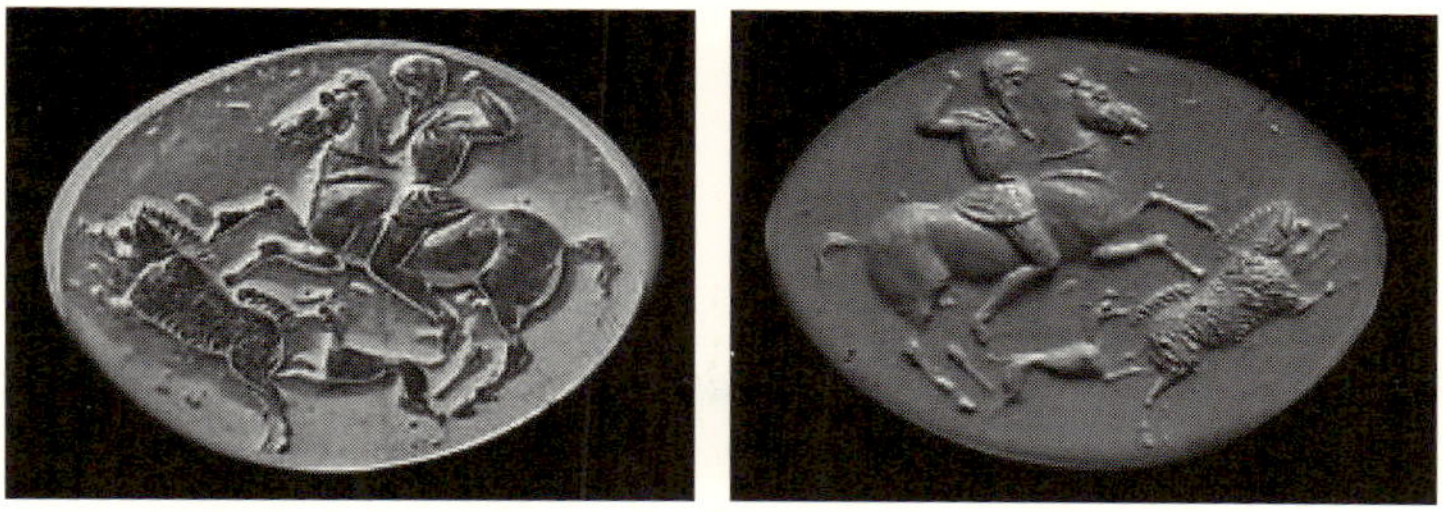

◉── **070**　騎乗狩猟者の金製印章とその押印、ギリシア、紀元前5世紀

◉── **071**
アレクサンドロス大王のカメオ
ローマ帝国・イタリア、1世紀

◉── **072**
コンスタンティヌス大帝凱旋門の円形レリーフ
ローマ帝国・ローマ、117–138年

◉── **073**
テッサロニケ出土の追悼碑
ローマ帝国・ギリシア、140年頃

ん。テッサロニケのアリストテレス大学考古学科のセオゾシア・ステファニズ＝ティヴェリウ教授から受けた説明によれば、古代ギリシア人はヘビを地下から現れる超自然的な力の象徴と考えていました。従ってこの追悼碑では被悼者は超自然的な力を持っていた英雄として称えられているとのことです。［図74・75］はトルコのサリフリとスミュルナで発掘された石棺の側面です。

トラキアの例

以上のような、騎乗者が、時にはマントをひらめかせて、槍で野獣を攻撃する構図をギリシア・ローマ人以上に愛好した民族がいました。古代ギリシアの北東、現ブルガリアの辺りにいたトラキア人です。この民族は本来、ギリシア人とは異なった印欧語系の言葉と文化を持つ騎馬民族でしたが、時代と共にギリシア化され、その後はさらにローマ化されました。［図76］は騎乗する神の銀製装飾馬具で、左ではオオカミが倒され、クマが攻撃されています。右ではライオンが押さえつけられています。［図77左］の銀製鉢では騎乗者がクマ狩りをしています。この騎乗者の武装と馬具にはアケメネス朝ペルシアの影響が見られます［▶▶図140－142］。イノシシ狩りを図にした金製の印章指輪も出土しています［▶図77中央・左］。［図78］はブルガリアのアレクサンドロヴォで二〇〇〇年に発見された紀元前四世紀の墓室内壁画の部分です。さらにブルガリア各地ではローマ帝国時代の聖所跡からトラキア人が奉納した騎乗

◉── 074　サリフリ出土の石棺
ローマ帝国・小アジア、2世紀

◉── 075
スミュルナ出土の石棺とその復元図、ローマ帝国・小アジア、215年頃

◉── 076
トラキアの金メッキ銀製アップリケ、左は紀元前400–350年、右は紀元前4世紀末

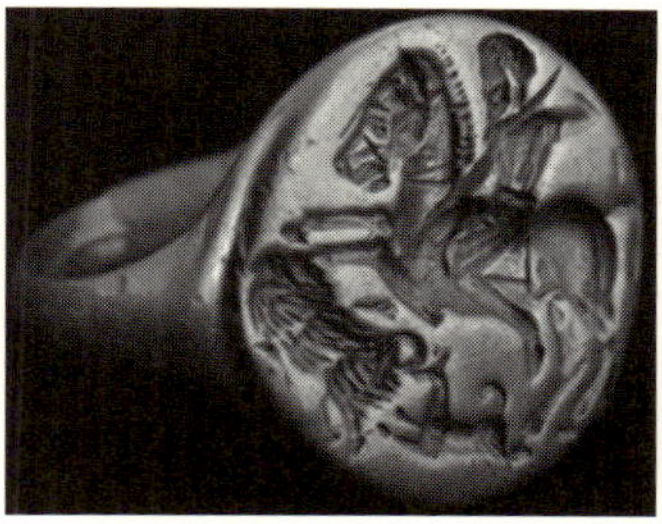

◉── 077
トラキアの金メッキ銀製鉢、紀元前4世紀後半と金製印章指輪、紀元前4世紀

◉── 078
トラキアの墓室内壁画、ブルガリア・アレクサンドロヴォ、紀元前4世紀

神のレリーフが多数出土しています〔▼図79・80〕。この騎乗神は広く崇拝されていたトラキアの万能神であったらしく、獲物はイノシシがよく取り上げられています。〔図80左・中央〕は〔図73〕と全く同じ構図であることから、ギリシアの影響を受けていることがよく分かります。〔▼図80右〕の馬の下にいるヘビも騎乗神の持つ超自然的な力を表していると思われます。〔図81〕は本格的な彫像で、〔図81左〕では騎乗神がウシを襲ったライオンを倒して踏み付けています。〔図81右〕に見えるウシは保護の対象です。

〔図82〕はトラキアに進出して来たスラブ系ブルガリア人の時代、七〇〇年頃にマダラの断崖に浮き彫りされた縦二・五メートル、横三メートルもある巨大な騎乗狩猟者像で、「マダラの騎士像」として一九七九年に世界遺産に登録されました。馬の下には槍で殺されたライオンがうずくまっていますが、この辺りのライオンは七〇〇年頃にはとっくに絶滅していたので、この構図そのものはトラキアの騎乗神に由来しているに違いありません。

グレコローマンアタック

竜退治する聖ゲオルギウス像は馬にまたがりマントをひらめかせて槍で竜を攻撃する構図が一般的ですが、騎乗戦士が槍で敵を攻撃する構図も既に古代ヨーロッパの彫像や図像によく取り上げられています。〔図83〕でギリシアの歩兵を攻撃するのはトラキアの騎乗戦士です。〔図84〕は東ウクライナのソ

◉── 079　トラキアの騎乗神レリーフ、2/3世紀

◉── 080
トラキアの騎乗神レリーフ、2/3世紀

◉── 081
トラキアの騎乗神石像、2/3世紀頃

◉── 082 「マダラの騎士」とその1998年発行記念銀貨、ブルガリア・マダラ、700年頃

◉── 083
トラキアの騎乗戦士の陶器絵、ギリシア、紀元前530–520年

◉── 084
スキタイの騎乗戦士の金製櫛上部
東ウクライナ・ソロハ出土、紀元前4世紀前半

ロハにあるスキタイ王の墓から出土した金製櫛の部分画像ですが、ここでは騎馬民族であったスキタイ人同士の戦闘場面が表現されています。ところが騎乗戦士の兜だけはギリシアのもので、櫛自体もギリシア人が製作したと考えられています。

古代ギリシアの陶器［▼図85］にも騎乗戦士が槍を構えて敵兵を攻撃する図像が見られます。そこでこれを「グレコローマンアタック」（古典式攻法）と呼ぶことにします。［図38–42］でもそうであったように、ギリシア人は裸体で描かれるのが普通です。

［図86］はアテネの墓地で見つかった追悼碑です。台座の碑文によれば、被悼者は紀元前三九四年にコリントとの戦いの際に二十歳の若さで戦死したデクシレオスという名前の戦士でした。父親はアテネの執政官でしたので、家柄にふさわしい立派な追悼祈念碑が建てられました。掲げた右手で握っていたのは、右の太ももにほぞ穴があけられていることから、青銅製の槍だったと考えられます。

［図87左・口絵19］はイスタンブールにある「アレクサンドロス大王の石棺」の側面に彫られたレリーフの一部です。これは大王が紀元前三三三年にイソスでペルシア王の率いる大軍を撃破した場面です。ここでも大王のまたがる愛馬の右前足首にほぞ穴が見えることから、大王は銀製の槍でペルシア兵を突き刺そうとしていたと思われます。ただしこの石棺に葬られていたのはアレクサンドロスではなくて、彼によってシドン王に任命されたアブダロニマスだそうです。大英博物館にある青銅像［▼図87右］はローマ帝国時代のものですが、残念なことに槍を握っていた右手が欠けています。［図88］はアレクサンドロス大王の軍隊が紀元前三二六年にインド北西部の

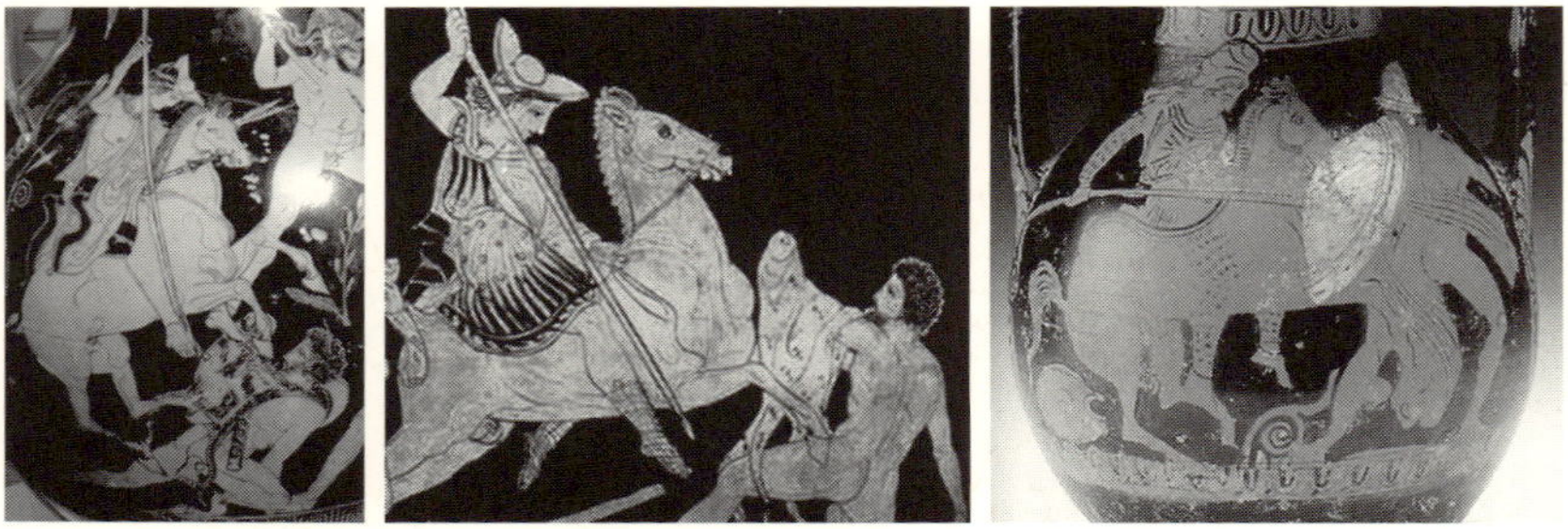

◉—085　騎乗戦士の陶器絵、ギリシア、紀元前4世紀

◉──086
デクシレオスの追悼碑、ギリシア・アテネ、紀元前394年

◉──087　左は「アレクサンドロス大王の石棺」、小アジア・シドン、紀元前4世紀前半、
右はアレクサンドロス大王の青銅像、右腕欠損、ローマ帝国時代

◉──088　アレクサンドロス大王の銀貨、他面は彼の立像、紀元前324年頃

パンジャブ地方を支配していたポロス王の大軍を撃破した記念の銀貨です。この時に戦死する愛馬にまたがった大王が戦象に乗って逃げるポロスを長槍で攻撃する図像はこの戦闘の大勝利を象徴的に表しています。ここで「象徴的に」と言ったのは、実際に大王自身が単騎でポロス王を追撃した訳ではないからです。

戦没したアテネ軍の騎馬戦士達を追悼する碑文台座に見られる浮き彫り［▼図89］は三面とも典型的な「グレコローマンアタック」です。この追悼碑は紀元前四世紀初めに都市国家アテネが公式に設置していました。

外地で亡くなったローマ軍騎兵の墓碑も同様の構図でよく建てられました。［図90］はドイツで、［図91］はイギリスで出土した紀元一世紀の墓碑です。墓碑の下部には氏名と略歴が記されています。この六名の略歴は以下の通りです。

名前	享年	軍務年数	出身地
ロマニウス	四十歳	十九年	現スロベニア
フラウィウス	四十六歳	二十六年	現ブルガリア
レブルス	?	?	現ドイツ
ルフス	四十歳	二十二年	現ブルガリア
ゲニアリス	四十歳	二十年	現オランダ
ロンギヌス	四十歳	十五年	現ブルガリア

◉—089
アテネ軍騎乗戦士追悼碑台座の左側面と正面と右側面、ギリシア、紀元前4世紀初め

◉—090
左はロマニウスの墓碑、マインツ、１世紀、中央はフラウィウスの墓碑、ケルン、１世紀、
右はレブルスの墓碑、ボン、１世紀

◉—091
左はルフスの墓碑、グロスター、１世紀、中央はゲニアリスの墓碑、サイレンセスター、１世紀、
右はロンギヌスの墓碑、コルチェスター、１世紀

レブルスの墓碑は下部が壊れているので、出身地が不明ですが、父親の名前と所属部隊名から判断すると、ゲルマン人だったようです。軍務年数は全員異なっているのに、四名の享年が同じ四十歳というのは奇妙です。どうやら、正確な年齢が不明であったため、三十歳台で死亡すると皆四十歳に切り上げられたようです。墓碑銘の最後にはたいてい「遺志により相続人これを建てる。彼はここに葬られている」とあります。これらの墓碑の構図と墓碑銘が同様なのは、戦死者を葬るために互助組合のようなものがあって、その基金によってなされたからです。

［図92］は［図91右］の墓碑を彩色復元したものです。馬の下にうずくまっているのは原住民のケルト系ブリトン人とされます。碑文は次の通りです。「ロンギヌス・スダペゼ、マテュクスの息子、トラキア第一騎兵隊上等兵、サルディカ地方出身、四十歳、勤続十五年、遺志により相続人これを建てる。彼はここに葬られている」。ロンギヌスの出身地サルディカは現ブルガリアの首都ソフィアに該当します。彼は西暦四九年に亡くなっており、彼の墓碑はイギリス最古のローマ兵墓碑だと言われます。一九二八年の出土時に欠けていた顔面が一九九六年の発掘調査で見つかったので、二〇〇〇年に彩色復元された次第です。

ギリシアやローマのコインにもこの構図が見られます［▼図93–110］。最もよく目にするのはパエオニア（パイオニア）のパトラオス王（紀元前三四〇／三三五〜三一五年）のコイン［▼図95］です。ここでは騎乗戦士が下段に

◉—092
ロンギヌスの復元墓碑

構えた槍で敵兵にとどめを刺そうとしています。パエオニアはマケドニアの北、現マケドニア共和国（今の国はスラブ系で、古代のマケドニア王国とは無関係です）の辺りにあった国で、本来パエオニア人はギリシア人とは異なる印欧語民族でした。しかしながら彼らはより強力なマケドニアの支配下で次第にギリシア文化に染まっていきましたが、パトラオス王はマケドニアのみならず、周辺の他民族とも戦ってパエオニアの政治的な独立を勝ち取りました。彼が発行した古代ギリシアの基準貨幣、四ドラクマ銀貨は現在までに三千個くらい見つかっていて、その多くが市場に出回っていますが、全て同じ構図のものです。写真が公表されている四〇五点をオーストラリアの研究者ニコラス・L・ライト博士が分析した結果によれば、敵兵の服装から区別すると、マケドニアの帽子と衣服をつけたもの（裸を含めて三十五パーセント）［▼図95左・中央］と北方民族の兜とズボンをつけたもの（五十二パーセント）［▼図95右］とに大別されます。この

◉──093　騎乗戦士の銀貨、他面はゲラス神の肖像、シチリア・ゲラ、左と中央は紀元前490–475年、右は紀元前425–420年頃

◉──094　騎乗戦士の青銅貨、他面は徒歩戦士、ギリシア・ペリンナ、紀元前5/4世紀

◉── 095
騎乗戦士の銀貨、他面はアポロ神の肖像、パエオニア、紀元前340/335–315年

◉── 096
パトラオス王銀貨の模刻

◉── 097
テウタマドス王の銀貨、他面は彼の肖像、パエオニア、紀元前315–310年

ことからパトラオス王が外敵との戦いに明け暮れていたことが分かります。彼はこのような銀貨の発行によって自らの指導力を自国民にアピールすると共に、パエオニア軍の強さを近隣諸国に誇示しようとしたのでしょう。パトラオス王の銀貨は他の非ギリシア民族にも影響を与えました。［図96］は近隣にいたケルト系の民族が模刻したものです。

テウタマドスという名前が刻印された銀貨［▼図97］はパトラオスの跡を継いだパエオニア王のものではないかと言われます。

ローマ帝国の皇帝達もこの構図が気に入っていて、自分の力を誇示するのに相応しいと考えていたようです［▼図99-110］。構図そのものは既にローマ共和国時代の紀元前五五年に作られた銀貨［▼図98］に採用されていました。

仇敵としてのヘビと竜

［図111・口絵20］からは意匠が激変します。これはコンスタンティヌス大帝の息子であったコンスタンティウス二世が、西方皇帝の弟を殺害して皇帝を僭称していた蛮族出身のマグネンティウス［▼図109］とその一味を滅ぼした三五三年に発行した記念金メダルです。騎乗して凱旋するコンスタンティウス二世の下にマグネンティウスがのたうつヘビとして表現されていて、ヘビの首には折れた槍が突きささっています。周囲の銘文は「敵どもの制圧者」となっています。このような図柄のメダルやコインは後にもこれしか確認でき

◉── 098
騎乗戦士の銀貨、他面はマルス神の肖像、ローマ共和国、紀元前55年

◉── 099
ドミティアヌス帝の青銅貨、他面は彼の肖像、ローマ帝国、85–87年

◉── 100
トラヤヌス帝の金貨（左）と銅貨、他面は彼の肖像、ローマ帝国、103–111年頃

◉── 101
ゲタ帝の銀貨（左）と青銅貨、他面は彼の肖像、ローマ帝国209–211年

◉── 103
ディオクレティアヌス帝の銀貨、他面は彼の肖像、ローマ帝国、286–305年

◉── 102
プロブス帝の銀銅合金貨、他面は彼の肖像、ローマ帝国、276–282年

◉── 104
ガレリウス帝の金貨（左）と銀メッキ銅貨、青銅貨、他面は彼の肖像、ローマ帝国、297–307年

◉── 105
コンスタンティヌス大帝の金貨（左）と青銅貨、他面は彼の肖像、ローマ帝国、307–337年

◉── 106
クリスプス副帝の金貨（左）と銀貨、他面は彼の肖像、ローマ帝国、324–325年

◉── 107
左はコンスタンティヌス2世皇帝の青銅貨、他面は彼の肖像、右は彼のカメオ、ローマ帝国、337–340年

◉— 108
ネポティアヌス僭帝の銀貨、他面は彼の肖像、ローマ帝国、350年

◉— 109
マグネンティウス僭帝の青銅貨、他面は彼の肖像、ローマ帝国、350–351年

◉— 110
コンスタンティウス2世皇帝の青銅貨、他面は彼の肖像、ローマ帝国、337–350年

ません。それほどマグネンティウスに対する憎悪の念が強かったということでしょう。このようにローマ帝国の時代になるとコインやメダルは、表面に皇帝の肖像と名前が刻印されていることから分かる通り、単なる通貨や記念品ではなくて、まさしくメディアの機能を担っていました。

打倒した仇敵をヘビとか竜呼ばわりするのは既に彼の父親、コンスタンティヌス大帝が大々的に実行していたことです。大帝の顧問を務めた教会史家エウセビオスが著した『コンスタンティヌスの生涯』2,46には、キリスト教徒を迫害して、「とぐろを巻く蛇」(2.1)になぞらえられた政敵リキニウスとの戦いに勝利した三二四年に大帝がエウセビオスに出した書簡が引用されていて、そこには「今日まで不敬神な思いと暴虐が救い主なる神に奉仕する者を迫害してきた。……しかし今、自由が回復され、偉大なる神の摂理とわれわれの奉仕によって、あの竜が公共の行政府から追い出された」(秦剛平訳)とあります。さらに『コンスタンティヌスの生涯』3,3にはその後、大帝は小アジア・ニコメディアで「(戦勝の印しを)万人の目にとまるよう宮殿の入り口門の前にしつらえられた、とてつもなく高いパネル板の上に置き……神の教会を包囲攻撃した敵対的で危険な獣を、深みにまで突き落とされた竜の形でつくられた」とか「そのために皇帝は、ご自分やご自分の子息たちの足下に、その腹部を槍で突き刺され、海の深みに打ち捨てられている竜を蠟画で描き、万人

◉—111　コンスタンティウス2世皇帝の金メダル、他面は彼の肖像、ローマ帝国、353年

に示してみせた」（秦剛平訳）と記されています。[図112]はコンスタンティヌス大帝が三二七年に発行した銀メッキ青銅貨で、ヘビに突き立てられた軍旗を表示しています。軍旗の上にキリストを表すギリシア文字ＸＰ（ラテン文字のCHRに相当）が掲げられていることから、ヘビはリキニウスを始めとする彼の政敵を表現していると思われます。旗の三円は大帝と正妻から生まれた年長の息子二人を象徴しており、銘は「民衆の希望」です。

コインの上で仇敵をヘビになぞらえた例は先に言及したイシンダのコイン[▼図51]がそうでしたが、ユリウス・カエサル（ジュリアス・シーザー）も内戦に勝利した紀元前四九／四八年にヘビの銀貨[▼図113]を出しています。大蛇を踏みつぶす象がカエサルで、大蛇は打倒されたポンペイウスです。

[図114]は西ローマ帝国初代皇帝ホノリウス（三九五〜四二三年）の金貨です。倒した敵を踏みつける皇帝の金貨（左）はよくありますが、ごく稀に動物を踏みつけている金貨（中央と右）も見られます。カウフマンの『キリスト教考古学便覧』の解説によればこの動物は頭が竜、胴体はライオン、尾はヘビからなっています。竜頭に皇帝が槍を突き刺している特異な構図から、この金貨はローマ軍がイタリア北部に侵入して来た西ゴート軍を二度撃退した後の四〇四年にローマで挙行された凱旋式の際に発行されたものだろうと考えられます。この竜は西ゴート王のアラリックを表しているに違いありません。凱旋式の主役はローマ軍最高司令官の皇帝でした。銘が「三帝の勝利」とあるのは、父のテオ

●— 112　コンスタンティヌス大帝の銀メッキ銅貨、他面は彼の肖像、ローマ帝国、327年

◉── 113
カエサルの銀貨、他面は最高神祇官(カエサル)の祭礼具、ローマ共和国、紀元前49/48年

◉── 114
ホノリウス帝の金貨、他面は彼の肖像、西ローマ帝国、395–423年

◉── 115
ワレンティニアヌス3世皇帝の金貨、他面は彼の肖像、西ローマ帝国、451年

ドシウス大帝（三七八〜三九五年）と兄の東ローマ帝国初代皇帝アルカディウス（三九五〜四〇八年）と自分の威力の功績だと言いたかったのでしょう。ただし勝利戦を実際に指揮したのは将軍スティリコであって、皇帝は極めて非力で無能な人物でした。

打倒した仇敵をヘビか竜に描いて見せる表現方法の絶大な効果は後の皇帝達にも認識されていました。［図115］の金貨はホノリウス帝の甥、ワレンティニアヌス三世（四二四〜四五五年）が発行したものです。契機になったのは「神の鞭」と恐れられたアッティラが率いる獰猛なフン族に対する勝利（四五一年）でした。ただしこの西ローマ皇帝自身は、先のホノリウス帝と同様に、ほとんど無能であって、勝利は極めて有能な総司令官アエティウスのお陰でした。それでも銘は、ホノリウス帝の金貨と同様に「三帝の勝利」となっています。

ここで注目すべきは、ワレンティニアヌス三世の金貨で初めて人面ヘビが登場したことです。皇帝が非人間化された敵を踏みつける構図そのものはホノリウス帝をまねています。人面ヘビのイメージは、旧約創世記でアダムとエヴァを誘惑したヘビからヒントを得たのでしょう［▼図116］。さらにまた手本になったと思われるコインもありました。それはドミティアヌス帝（在位八一〜九六年）の銅貨［▼図117左］です。ここでは彼の乗る馬が人面ヘビを踏みつけているように見えます。これ

◉—116
アダムとエヴァを誘惑する人面ヘビ、左は聖書写本の挿絵、パリ、13/14世紀、右は印刷本の挿絵、ヴェネツィア、1492年

はライン川を擬人化、いや擬蛇化した図像です［▼図117下］。八三年にドミティアヌス帝はライン川東岸のゲルマン人を征伐してライン川をローマの支配下に置くことに成功しました。彼はこの手柄を誇示するために、［図117左］のコインとは別に、ライン川を象徴する男性神を見下すコイン［▼図117右］も発行していました。右に槍を持って立っているのが皇帝自身です。［図117左］の騎馬像は九一年にローマに建てた自分の騎馬像でした。肖像のある表面には皇帝名の後に「ゲルマニクス（ゲルマン人の征伐者）」という尊称が誇らしげに添えられています。

ワレンティニアヌス帝は人面ヘビの金貨がとても気に入ったと見えて、何度も発行しています。これは大変印象的な図像でしたので、さらに後の皇帝にも受け継がれました［▼図118–120］。しかしこの構図が西ローマ帝国末期の皇帝達の金貨に採用されたのは、彼らの非力を隠すカムフラージュに外なりません。ところが面白いことに西ゴート人も、人面ヘビの意味を承知の上で、現在の南フランスに西ゴート王国を築いていた時代（四一八～五〇七年）にワレンティニアヌス帝の金貨を模刻して発行しています［▼図121］。これは表面の皇帝肖像の頭上に西ゴート王国鍛造印として小さな輪が添えられていることから分かります。こちらはワレンティニアヌス帝金貨の歴史的価値を重視したためでしょう。ゴート人にとってもフン族は実に畏怖すべき宿敵でした。

◉— 117
ドミティアヌス帝の銅貨、他面は彼の肖像、ローマ帝国、左は95/96年、下はその部分拡大、右は85年

◉— 119
マヨリアヌス帝の金貨、他面は彼の肖像、
西ローマ帝国、457–461年

◉— 118
マクシムス帝の金貨、他面は彼の肖像、
西ローマ帝国、455年

◉— 121
ワレンティニアヌス3世皇帝金貨の模刻、他面は彼の肖像、西ゴート王国、451–500年

◉— 120
リビウス・セウェルス帝の金貨、他面は彼の肖像、西ローマ帝国、461–465年

◉— 122
『シュトゥットガルトの詩篇』挿絵、フランク王国、820–830年

ユダヤ・キリスト教における竜退治図

さらに竜退治についてはユダヤ・キリスト教の教義も考える必要があります。

［図122］は九世紀にフランク王国で作成された写本の挿絵で、キリストがヘビとライオンを退治する場面です。ここで問題になっているのは旧約詩篇91,13の「あなたは獅子と毒蛇を踏みにじり、獅子の子と大蛇を踏んで行く」という文句です。ルカ伝10,19でもイエスによって「蛇やさそりを踏みつけ、敵のあらゆる力に打ち勝つ権威をわたしはあなたがたに授けた」と説かれています。

［図123］は磨いた赤鉄鉱に竜退治するイエス・キリストと思われる騎乗者が沈み彫りされています。五世紀に地中海の東部地域で作られたようです。裏面には少し後代のギリシア文字が二行に彫り込まれていますが、ギリシア語の不得意な人が彫り込んだためか、解釈が困難です。「迅速なるイエスの似姿」というくらいの意味かも知れません。

［図124-126］で竜を退治しているのは大天使ミカエルと天使達ですが、ここはヨハネ黙示録12,7-9の「さて、天で戦いが起こった。ミカエルとその使いたちが、竜に戦いを挑んだのである。竜とその使いたちも応戦したが、勝てなかった。そして、もはや天には彼らの居場所がなくなった。この巨大な竜、年を経た蛇、悪魔

◉—123　イエスの護符
ビザンティン・地中海東部地域、5世紀

◉—124
大天使ミカエルの象牙板レリーフ、フランク王国、810年頃

◉── 126
天使の写本挿絵、ドイツ、1020年頃

◉── 125
大天使ミカエルの写本挿絵、ドイツ、
14世紀初め

◉── 127
ソロモンの護符、ビザンティン・地中海東部地域、3–5世紀

とかサタンと呼ばれるもの、全人類を惑わす者は、投げ落とされた。地上に投げ落とされたのである。その使いたちも、もろともに投げ落とされた」を説明するものです。さらに旧約イザヤ書27,1には「その日、主は厳しく、大きく、強い剣をもって逃げる蛇レビヤタン、曲がりくねる蛇レビヤタンを罰し、また海にいる竜を殺される」ともあります。コンスタンティヌス大帝が政敵に勝利した記念に宮殿の入り口に、自分と四人の息子達が竜を退治する巨大な蠟画を掲げたのを目撃したエウセビオスはこのイザヤ書の託宣がついに実現したと、いたく感慨深げに報告しています。その蠟画というものは、恐らく[図125]のような構図だったのでしょう。

[図127]は新生児の護符であったと考えられるものです。[図123]と同様の磨いた赤鉄鉱の沈み彫りでソロモンが新生児に死の病気をもたらすとされた女の魔物を退治していきます。上にギリシア文字で「ソロモン」、裏面にはギリシア語で「神の印し」と彫り込まれています。作成年代は三〜五世紀とされます。旧約聖書にこのようなソロモンの話は出てきませんが、三／四世紀頃に成立した『ソロモンの聖約』と呼ばれる偽典があって、そこにはソロモンが色々な魔物を退治する話が載っています。

このソロモンの護符によく似たビザンティン時代のフレスコ画[▼図128]があります。これはエジプト中部のキリスト教コプト教会の修道院遺跡で見つかったものです。ここでも伝説的なシシニオスという聖者が女の魔物を退治している場面が描かれています。この女の魔物は女色が擬人化されたものです。

◉── 128　聖シシニオスのフレスコ画彩色模写図、ビザンティン・エジプト・バウィト、6世紀

［図129］は青銅製の護符ですが、元々は紐を通して首にかけられていたペンダントでした。六／七世紀に［図123］の護符と同じく地中海東部のギリシア語圏で作られたものです。ここでは女と思われる長髪の魔物を騎乗者が槍で突き刺そうとする場面が線彫りされています。彼の頭部には後光が差していて、その頭上にギリシア語で「悪を打ち負かす唯一の神」とあるので、この騎乗者はキリストかも知れません。このような青銅製の護符は聖ゲオルギウスの鋳型［▼図50］と作成の年代や地域が重なっていることが注目されます。

以上を総括すると、竜退治する聖ゲオルギウス像は紀元前六世紀以来のギリシア・トラキア・ローマの文化とユダヤ・キリスト教の教義が合流する、地中海東部の地域で五／六世紀に生まれたものだということが理解できると思います。

エジプトの例

ところがルーヴル美術館が、竜退治する聖ゲオルギウス像はエジプト起源だと主張していることを知っていささか驚きました。［図130］はエジプトでローマ帝国支配下の四世紀に作られた石窓飾りの一部ですが、鷹の頭をした武人がワニを槍で刺し殺そうとしています。馬に乗っているのはエジプト神話のホルス神で、自分の父、オシリス神を殺した叔父のセト神がワニに変身して逃げる所を捕らえて父の仇討ちをしたという話があるのだそうです。ルー

◉— 129　青銅製の護符、ビザンティン・地中海東部地域、6/7 世紀

ヴル美術館は、竜退治する聖ゲオルギウスの表現はこの種の像の直接的な子孫だと言います。しかしながら、ルーヴル美術館も認めているように、エジプトの神は馬に乗った姿では描かれないのと、ホルス神はローマの軍装をしていることから、この石窓飾りは出発点ではなくて、一つの到達点だったのではないかと私は考えます。つまり先に見たギリシア・ローマのコインやソロモンの護符などの図像からヒントを得て、エジプト側で独自にホルス神伝説を彫像化した作品だったのではないでしょうか。

とは言え、槍で攻撃する騎乗者の図像がこれ以前にエジプトに全くなかった訳ではありません。[図131]はエジプト王、プトレマイオス三世（紀元前二四六〜二二二年）のレリーフです。もっとも彼はアレクサンドロス大王配下の将軍、プトレマイオス一世の孫ですので、れっきとしたギリシア人でした。従ってこれも立派な「グレコローマンアタック」だということになります。

さらに言えば、ギリシア・トラキア・ローマ人に限らず、乗馬の文化を持っていた民族では、騎乗者が槍で攻撃する姿はその雄々しさの代表的な表現として好まれています。鐙《あぶみ》が古代末期に登場するまでは、鐙なしで、さらに以前は鞍もつけずに乗馬して、槍で狩猟や戦闘を行うのは相当の訓練と技量を要することでしたので、自由自在に裸馬を乗り回す戦士は、まさに超人的な戦士だと称賛された訳です。

◉── 130
ホルス神の石窓飾り、エジプト、4世紀

◉── 131
プトレマイオス3世のレリーフ
エジプト、紀元前246–222年

ゲルマン人の場合

このことはゲルマン人の間でも同様でした。［図132］は南西ドイツのバーデン＝ヴュルテンベルク州プリーツハウゼンで発見された七世紀初めの墓の副葬品です。これはかなり裕福なアレマン人（アレマン人は今日の南西ドイツからスイスにまで広がっていたゲルマン人）の女性が所有していた金製の襟止めで、直径は約七センチメートルあります。この表面の薄い金盤には敵兵を踏みつける騎乗戦士の図像がプレスされていて、その上で向かい合っている二匹の動物はライオンです。このような図像は女性の装飾品には不釣り合いなように見えます。ドイツの考古学者は、平らな周縁が切り取られて青銅製の台座に付けられていたことから、元は馬の飾り金具［▶▶図90左右・図91右・図173］であったものを襟止めに加工し直したのだろうと考えています。模写図を見ると、騎乗者の背後で槍を支えている小さな人物がいます。出土地から見てこれは、騎乗戦士に加勢するゲルマン神話の最高神で戦いの神、ウォーダン（オーディン）のようです。本来は人間の目に見えないことを示すために、小さく表現されています。踏みつけられている相手が持った剣を馬に突き刺し、別の手で手綱を握りしめていることは、直後に騎乗戦士がこの手強い相手に殺されることを暗示しています。不思議なことに、騎乗戦士も背後の小人物も、さらには倒れた相手も利き腕が左手です。この謎を解く鍵はイギリスにありました。

◉—132
プリーツハウゼン出土の打ち出し金盤、ドイツ、7世紀初めとその模写図、右はドラヌスの墓碑、ヴィースバーデン、1世紀

鍵は「サトンフー出土の兜」［▼図133］と呼ばれる古代イギリスの遺宝です。これはイギリス南部のサトンフーで七世紀前半の墓から出土した副葬品でした。多くの豪華な副葬品があったことから、被葬者は六二四年頃に亡くなったイーストアングリア国のレドウォールド王ではないかと考えられています。この兜は鉄板の下地を錫メッキした四種類の銅箔パネルで覆ったものです。大英博物館で精密に復元された兜［▼図133中央］を見ると、［図133右］に模写した図像のパネルが一二枚、兜の最も重要な位置に貼り付けられています。驚いたことに、この図像は「プリーツハウゼン出土の打ち出し金盤」の図像と、向きが異なる以外は、ほぼ完全に一致しており、騎乗戦士や背後の小人物、倒れた相手の利き腕は右手であることが分かります。従って「サトンフー出土の兜」の図像が原型であり、この原図を渡された工人が「プリーツハウゼン出土の打ち出し金盤」のプレス型を彫る際に図像を反転させたのでしょう。「プリーツハウゼン出土の打ち出し金盤」は本来の用途が馬具だったと先に述べましたが、これは馬体の右側に付けていたもので、左側用には「サトンフー出土の兜」と同じ左向きのものがあったと考えられます。そのような立派な馬飾りを持っていた武人が戦死した後で、彼の妻が壊れ残った馬飾りを形見として襟止めに加工させたのではないかと考える研究者がいます。

問題となる図像そのものは恐らく、古代ゲルマン人の理想的な英雄像であって、最高神ウォーダンの加護を受けて戦いに勝利し、死後はウォーダンの

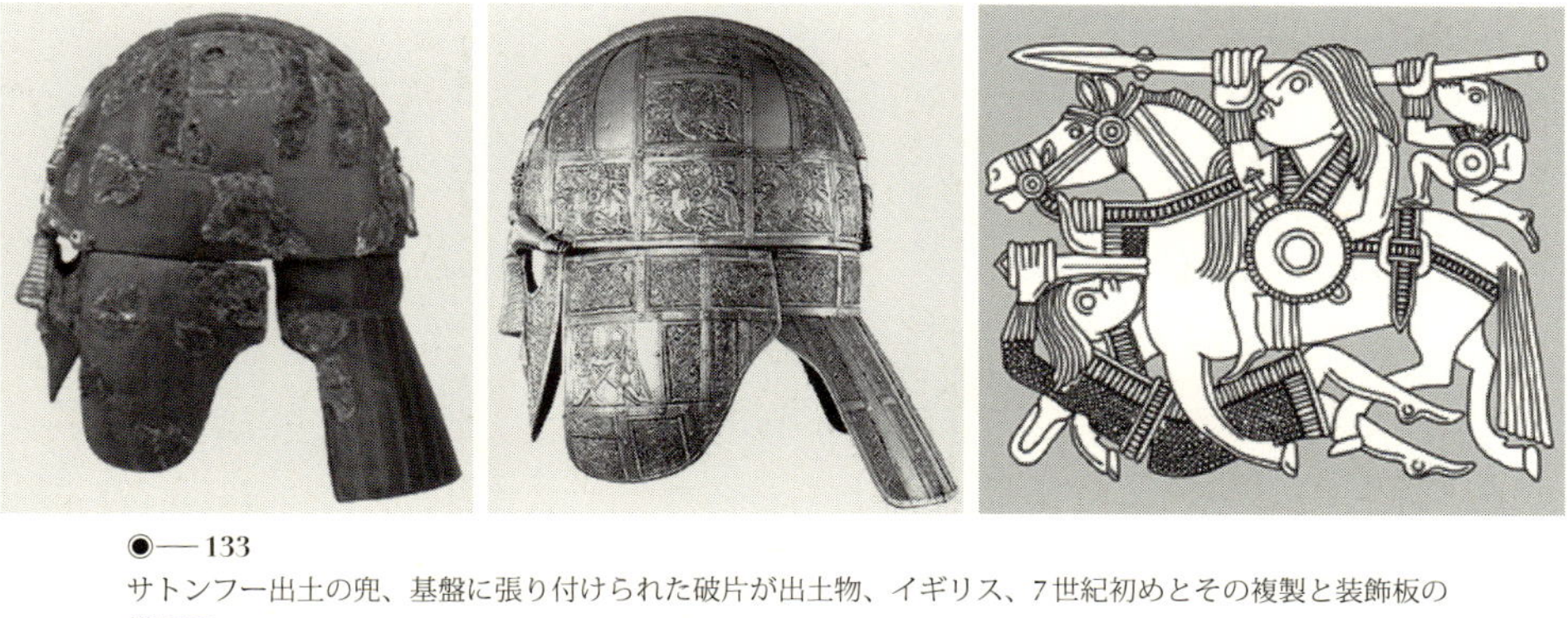

◉—133
サトンフー出土の兜、基盤に張り付けられた破片が出土物、イギリス、7世紀初めとその複製と装飾板の模写図

宮殿に招かれる勇者をローマ帝国皇帝のコインやローマ軍騎兵の墓碑を参考にして、図像化したものと思われます。この事情はエジプトの「ホルス神の石窓飾り」［▼図130］の場合とよく似ています。とりわけドイツのヴィースバーデンで出土した一世紀のドラヌスの墓碑［▼図132右］は「プリーツハウゼン出土の打ち出し金盤」に酷似しています。この墓碑の上にも二頭のライオンが見えますし、倒された敵は右手に剣を握っています。騎兵の後方に予備の槍を持って立っている従者がウォーダンのモデルになったのでしょう。被葬者のドラヌスはトラキア人部隊の騎兵で、軍歴二十四年、享年四十六歳でした。

［図134］は北ドイツのザクセン＝アンハルト州ベルデ郡のホルンハウゼンで一八七四年に出土した石板で、七世紀の墓碑と考えられていました。ここでは蛇行した長蛇の上を泰然と騎行する武人の浮き彫りが見られます。この石板に異教とキリスト教の混淆を認めたがる研究者は、ゲルマンの英雄的な武人が悪を象徴する大蛇を退治したキリスト教的な場面だと主張していますが、それにしては余りにも静謐な感じがするので、かなり疑問に思えます。それどころか、まさしく聖ゲオルギウスだという解釈さえありました。これと似たような図像を持つものとして見つかった［図135］は北スウェーデン・ヴェンデルで七世紀前半の墓から出土した兜です。この側面に張り付けられた装飾板では騎乗戦士の前にヘビが見えますが、これは騎乗戦士の攻撃対象ではな

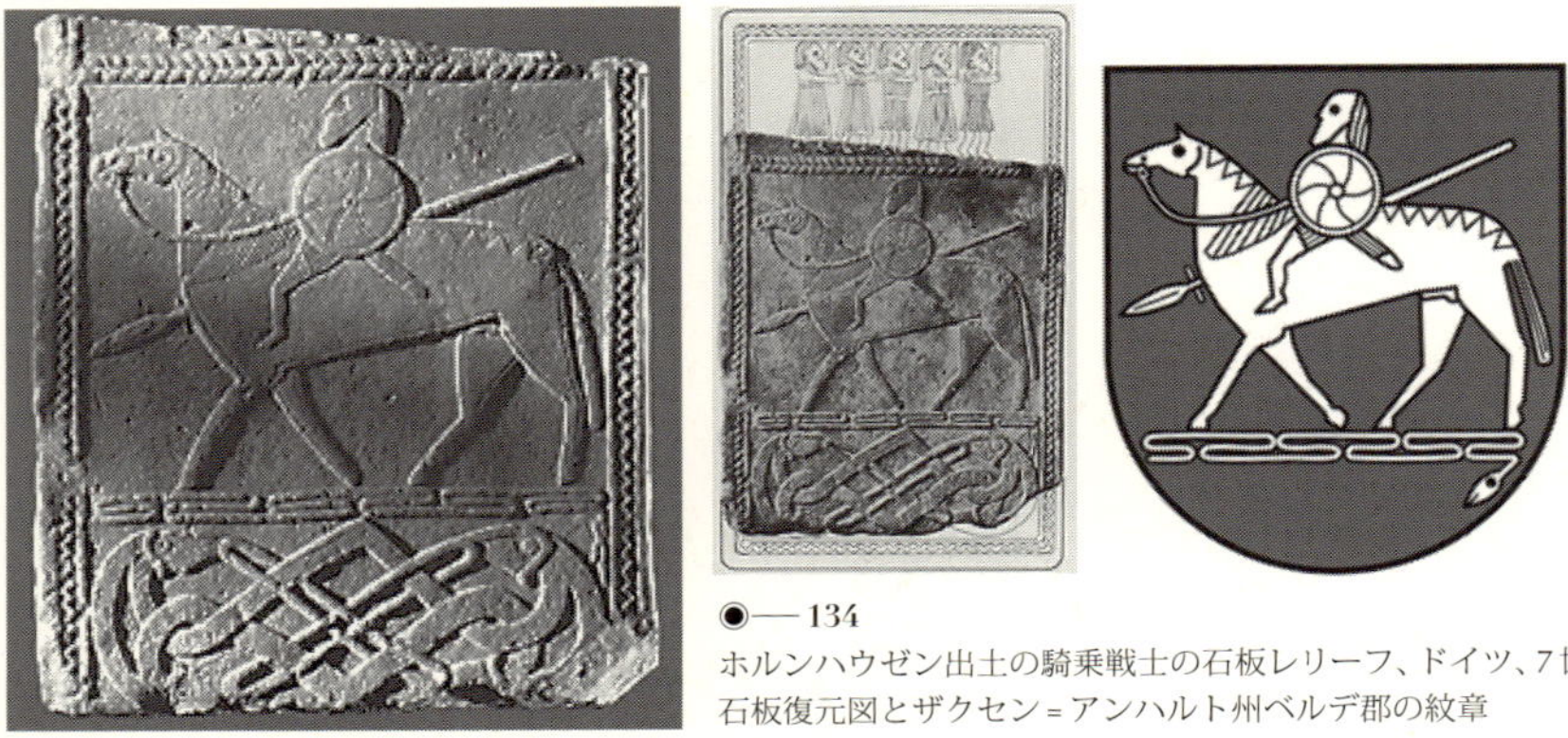

◉— 134
ホルンハウゼン出土の騎乗戦士の石板レリーフ、ドイツ、7世紀前半と石板復元図とザクセン＝アンハルト州ベルデ郡の紋章

くて、ウォーダンがヘビに変身して戦士を見守っている場面だと言われます。上に飛んでいる二羽の鳥はウォーダンの使いのカラスです。そうすると、この場面は戦死した勇敢な武人がウォーダンに案内されて彼の宮殿に向かうところなのでしょう。従ってホルンハウゼン出土の石板も同様の解釈が可能だと思います。つまりこちらではウォーダンの宮殿へ向かうために、長蛇に変身した彼の背を道にして歩いているところではないでしょうか。この解釈はこの石板が墓碑であったとしたらうまく合致します。ところが同じ場所からは同一図像の石板破片も見つかっており、図像がかなり様式的であることや、考古学者による復元図［▼図134中央］から考えても、多分、墓地の周りに立てられていた囲いの一部だったのかも知れません。事実そこでは二体の合葬墓が見つかっています。従って残念ながらこの石板は聖ゲオルギウスの竜退治とは全くの無関係だと言わざるを得ません。

鞍と鐙《あぶみ》

［図132–134］で分かる通り、七世紀のドイツやイギリスの騎乗戦士は鐙を用いていませんが、［図132・133］では馬の腹帯が見えることから、簡単な鞍は使われているように見えます。［図134］の戦士は全くの裸馬に乗っています。

鞍に関しては紀元前五世紀に、ソクラテスの門下生であったクセノポンが馬術書の中で「馬の背を覆う布」と呼んでいることから見て、最初は厚手の

◉—135
ヴェンデル出土の兜、スウェーデン、7世紀と装飾板模写図の切手、スウェーデン、1975年、凹版彫刻はチェスラウフ・スラニア

布か毛布のようなものが使われていたようです。しかしながら古代ギリシアの騎馬の彫像や図像にそのような鞍がほとんど見られないのは、裸馬への騎乗が本来の乗り方であったために、表現されていないのだと思われます。[口絵3・図19]の聖ゲオルギウスもそのように表現されています。しかし紀元前一世紀にはもうローマ人の馬に鞍が表現されているのが一般的ですが、この時代のゲルマン人は鞍を用いないのが武勇の誉れと考えていたようです。カエサルは『ガリア戦記』(4,2)の中で次のように感心しています。

> 彼ら(ゲルマニア人)の習慣からすれば、鞍を使うほどみっともなくて女々しいことはないのである。それで相手の騎兵がどんなに大勢であろうと、味方がどんなに無勢であろうと、(相手が馬に)鞍をおいていたら、ためらうことなく相手に接近していくのだ。　(國原吉之助訳)

古代のギリシア人も鞍の使用を同じように考えていたに違いありません。

鐙の本来の用途は足をかけて馬に登るためでした。このために鐙の使用にはしっかりした鞍の着用が前提となります。日本語「あぶみ」は「足踏み」、漢字「鐙」は「登り金具」(鐙は本来「たかつき」や「ともしび」を意味しましたが、後に「あぶみ」に転用)であったのと同様に、英語 stirrup、ドイツ語 Stegreif は「登りロープ」を、より一般的なドイツ語 Steigbügel も「登り曲げ木、曲げ金《かね》」を意味していたことから分かります。古代のギリシア人やローマ人は鐙を用いなかったので、当然のことながら古典ギリシア語や古典ラテン語には言葉もありません。六〇〇年頃に東ローマ(ビザンティン)帝国で編集されたギリシア語の『マウリキオス帝の兵法』には交戦相手であったアジア系遊牧騎馬民族のアヴァール人から知ったと思われる鐙のことが記されていますが、ここではラテン語(scāla「踏み段」<*scand-sla<scand-ere「登る」)由来の skála という語が用いられて

います（現代ギリシア語の skála には「鐙」の意味も）。鐙が普及する中世の時代になると中世ラテン語 stafa（イタリア語 staffa）, stapha, staphium, stapia や stapes, stapeda, stapedium が登場します。初めの四語は英語 step「足跡、踏み段」、ドイツ語 Stapfe「足跡」、Stufe「踏み段」と同源の古いゲルマン語からの借用でした。ゲルマン人、中でもフランク人は既に六／七世紀には鐙を使い始めていたからです。そして後の三語はその語源俗解（stā-「踏みとどまる」＋ped-「足」）として生まれ、「足固め」の意味でした。stapes（属格形 stapedes）はさらに「（中耳の）鐙骨（とうこつ・あぶみこつ）」として現代でも解剖学で用いられます。この他にも「革ひも」を意味した古いゲルマン語（英語 strip, strap）からの借用語 strepa, streupha, striba（フランス語 étrier、スペイン語・ポルトガル語 estribo）も現れました。さらにはラテン語の動詞 scand-ere「登る」から作られた中世ラテン語 scandile「登り具」も用いられたことがあります。

馬に登るにせよ、馬上で体を安定させるにせよ、鞍に比べて、鐙の普及がヨーロッパでかなり遅れたのは、鐙の使用は英雄に全く相応しくないと考えられたからでしょう。鐙のない時代には馬に飛び乗れてこそ英雄だった訳です。古代のヨーロッパ人にとって鐙を付けた馬は、両側に補助車輪を付けた子供用自転車のような感じだったのかも知れません。鐙がヨーロッパで図像に現れるのは九世紀からだと言われます。［図136］は九世紀初めにスペインのバレンシアで作られたヨハネ黙示録の挿絵ですが、ここでは左の騎乗者が鐙

◉— 137『黄金詩篇』挿絵、フランク王国、9世紀末。先頭の戦士が掲げるのは竜のぼり

◉— 136『バレンシアの黙示録』挿絵、スペイン、9世紀初め

を使用しているのに対して、右の騎乗者は使用していません。両者とも拍車は付けています。九世紀前半にフランク王国で作成された『シュトゥットガルトの詩篇』〔▼図153左〕でも鐙は見られません。従ってヨーロッパにおける鐙の使用はゲルマン人、とりわけフランク人から始まったにしても当初はかなり抑制的であったと思われます。九世紀末にフランク王国・スイスのザンクトガレンで作られた『黄金詩篇』〔▼図137〕の挿絵では右足の見える三人全員に鐙が確認できます。

西アジアの例

騎乗者が槍で狩りや戦いをするグレコローマンアタック（古典式攻法）の図像そのものは西アジアでも古くから見られます。ササン朝ペルシア（三〜七世紀）の国王もこの構図を好みました〔▼図138・139〕。

〔図140〕は一九九八年にトルコ北西部のチャンの古墳から出土した彩色石棺ですが、大きく損傷しているのは盗掘者のブルドーザーに破壊された跡です。この石棺は紀元前四世紀前半のアケメネス朝ペルシア時代のもので、この中に現地の支配者であった二十歳台の男性が葬られていました。左の戦闘場面は、相手の非ギリシア的な服装から考えると、反乱を起こした近隣のミュシア人を被葬者が生前に制圧したことを表現していると解されています。彼は戦闘の際にも狩猟の際にも相手の目に槍の一撃を加えて仕留めるほどの腕前

◉— 138　鍍金銀製帝王狩猟文皿、ササン朝ペルシア、7世紀頃

◉── 139
ホルムズド2世の磨崖碑、ササン朝ペルシア、303–309年。右足の横に見えるのは矢筒

◉── 140
チャン出土の彩色石棺、アケメネス朝ペルシア、紀元前4世紀前半

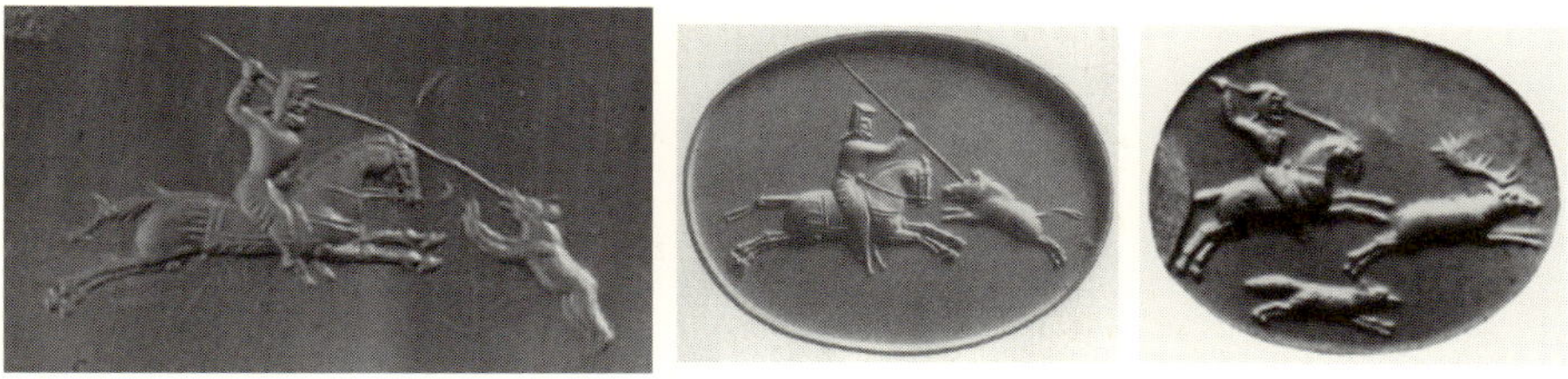

◉── 141
印章の押印、アケメネス朝ペルシア、紀元前5/4世紀

◉── 142
印章の押印、アケメネス朝ペルシア、紀元前5/4世紀

を持っていたようです。

〔図141・142〕はアケメネス朝ペルシア時代（紀元前五／四世紀）の印章の押印です。ペルシアの騎乗戦士が戦う相手〔図142中央・右〕は、裸体で描かれていることから、ギリシア兵であることが分かります。ここに限らず、裸体で表現されるのがギリシア兵の特徴でしたが、実際に裸で戦った訳ではないでしょう。

〔図143〕はキュロス一世の押印粘土板で、アケメネス朝アンシャン（紀元前七世紀）に由来します。キュロス一世はアケメネス朝ペルシアの大帝国を設けたキュロス二世（大王）の祖父でした。

〔図144〕はもう少し古い、紀元前八／七世紀のメソポタミア・アッシリア王国のレリーフです。左のライオン狩りをしているのはアシュルバニパル王（紀元前六六八～六三一年。旧約エズラ記4:10の「貴く偉大なアセナパル」）とされます。

　騎乗狩猟者の図像はさらに年代をさかのぼることができます。〔図145〕は岡山市立オリエント美術館が所蔵する石製容器（高さ約七センチメートル）で、イラン南西部で紀元前一〇〇〇年頃に作られたものです。オリエント美術館の四角隆二氏によれば、これはオイルの類を収めていたのではないかとのことです。その一面の上半分では突進して来るイノシシを槍で仕留めようとする場面が、下半分には裸馬に乗って槍で野山羊（パサン）を狩る場面が浮き彫りされています。この石製容器の制作者あるいは所有者は誇張された姿でこのような熟練を要する特殊技能を誇示しようとしたのでしょうか。そもそも騎

◉—143
キュロス1世の押印粘土板、アケメネス朝アンシャン、紀元前7世紀

◉── 144
アッシリアのレリーフ、紀元前8/7世紀

◉── 145
狩猟文双口壺、イラン南西部、紀元前1000年頃

◉── 146
「パルティアンショット」、左は円筒印章の押印、追いかけるライオンの胴体は欠損、アケメネス朝ペルシア、紀元前5/4世紀、右は浮彫文緑釉杯、シリヤ、紀元前1世紀

◉— 147
「パルティアンショット」、左は「トロワの手箱」、ビザンティン、10世紀、中央は「ビザンティンの象牙板手箱」、11/12世紀、右はスペインの写本挿絵、975年

◉— 148　カラエの戦い、想像図

◉— 149
「パルティアンショット」、左は墓門の彩色画像石、後漢代100年頃、右はシャプール2世の銀製皿、ササン朝ペルシア、4世紀

乗できるように訓練された馬はロバやラクダとは比べようのないくらいに貴重な家畜であって、現代のポルシェやフェラーリといった高級外車のような感じだったのではないでしょうか。こうして見ると、竜退治する聖ゲオルギウスの図像には西アジアから地中海東部の地域における長年の伝統的な武人像が反映されていると言えます。

パルティアンショット

これまでのところで、騎乗者が後ろ向きに矢を射る、いわゆる「パルティアンショット」（安息式射法）の図像【図146】が出てこなかったことを不思議に思う読者がいるかも知れません。筆者は長く昔のヨーロッパにおける「パルティアンショット」を探しましたが、確実なものはほとんど見当たりません。かろうじて十／十一世紀の図像が三点見つかりました。【図147左】は十世紀にビザンティンで製作された象牙板手箱の正面です。現在はフランス・トロワの大聖堂宝物館にあります。ここで「パルティアンショット」の構えでライオンを騎射しているのは、兜の形式からビザンティン皇帝であると考えられています。しかも皇帝は鐙なしで、後ろ向きに騎乗しています。恐らく製作者は敢えてこのような非現実的な体勢でもって皇帝の超人的な戦闘能力を称賛しようとしているのか、あるいはそう描くよう命令されていたのでしょう。この図像は間違いなくササン朝ペルシア王の銀製皿【▼図149右】を手本にしながら、ライオンに背を向けないことによってビザンティン皇帝のプライドの高さを表していると思われます。

【図147中央】もビザンティンで十一／十二世紀に作られた象牙板手箱の蓋の部分画像です。描かれているのは、服装からトルコ系の騎馬民族、ペチェネグの騎兵であると考えられています。彼らはビザンティンにとっては手強い敵であると共に、場合によっては頼もしい傭兵でもあったようです。

〔図147右〕は九七五年にスペインで描かれたヨハネ黙示録の注解書写本の挿絵で、この騎乗戦士は黙示録6,2に該当しますが、そこに「パルティアンショット」が出ている訳ではありません。ただ「見よ、白い馬が現れ、乗っている者は弓を持っていた。彼は冠を与えられ、勝利の上に更に勝利を得ようと出て行った」とあるだけです。この騎乗戦士の解釈については「終末時に現れる帝国主義的侵略者」を象徴しているという解釈が最も有力なので、画家は多分、アジア系の侵略騎馬民族を念頭に置いてその特徴的な戦法を描いたのではないでしょうか。その服装や帽子は〔図147中央〕のペチェネグ騎兵と同じです。と言うことは、このような「パルティアンショット」は実際にスペイン人が採っていた戦法ではなかったのでしょう。

この騎射法はアジア系の騎馬民族が得意とした戦法でした。ローマ人は特に紀元前五三年にカラエ（現トルコ南東部のハルラーン）で歴史的な大敗北を喫したパルティア（安息＝アルサケス朝ペルシア。〔図146右〕の右側がパルティア人）との戦闘でその威力を知らされました〔▼図148〕。これの図像はその後、東洋〔▼図149–151〕ではよく好まれただけに、古代ヨーロッパにほとんど見当たらないのは不思議なことです。「トロワの手箱」〔▼図147左〕の場合には東洋からの影響が認められています。そこでよく考えてみると、逃走しながら、あるいは走り去りながら、飛び道具を使用するのは古代ヨーロッパの英雄精神に大いに反する姑息な戦法だったに違いありません。

◉—150

「パルティアンショット」、左はトルファン・獅子狩文ろうけつ染め、唐代8世紀、中央はマハムド・イブン・スンクル作の筆箱底面、モンゴル・イル=ハン国、1281–1282年、右はモンゴル・イル=ハン国の銀貨、13世紀

「パルティアンショット」に関するヨーロッパ最古の言及はクセノポンの『アナバシス』3,3に出てきます。彼はこの中で、紀元前四〇一年にチグリス川支流のほとりで逃走するアケメネス朝のペルシア軍になめさせられた苦杯の様子を次のように伝えています。

ペルシア騎兵は逃走しながらも、馬上から後ろ向きに矢を放って（ギリシア軍に）手傷を与え、ギリシア軍は戦いつつ追撃しただけの距離を再び後退することを余儀なくされた。その結果ギリシア軍は、丸一日かかって二十五スタディオン（四・五キロメートル）足らずしか進めなかった……。（ギリシア軍の）年長の指揮官たちは、クセノポンが本隊を離れて敵を追撃し、自ら危険に身を曝しながら、しかも敵に何程の損害も与えられなかったことを難詰した。（松平千秋訳）

ペルシアは西洋との接点であったため「パルティアンショット」［図146左・149右・151左］と「グレコローマンアタック」［▼図138−143］は等しく評価されていました。

ローマ帝国時代初期のギリシア人著述家プルタルコスは前述したカラエの戦闘についてその著書『英雄伝』（「クラッスス」24）で次のように記しています。

パルティア騎兵は逃げながら矢を射るという戦法をとり、この術にか

◉—151
「パルティアンショット」、左は法隆寺・四騎獅子狩文錦、唐代7/8世紀、右は正倉院・銀壺、唐代8世紀

んしてはスキュティア人に次ぐ巧者なのだ。身の安全を図りながら反撃し、それゆえ逃走という恥辱をこうむらずにすむのだから、これ以上に賢い方法はない。（城江良和訳）

このプルタルコスの言葉には多分に皮肉が込められているように思えます。彼の目にも、「逃げながら矢を射る」のが戦法だと言われても、敵前逃亡にしか見えなかったのでしょう。古代のヨーロッパ人にとっては真っ向勝負こそが真に英雄的な戦法だったからです。その証拠に、「パルティアンショット」が大いに効果的だと分かった後も、ギリシア軍やローマ軍がこれを採用することはありませんでした。「パルティアンショット」という言葉自体もやっと十九世紀にイギリスで生まれたもので、日本語の「安息式射法」や中国語の「安息回馬箭」もその訳語にすぎません。

古代ヨーロッパ人の真っ向勝負の精神は中世ヨーロッパの騎士に受け継がれました。〔図152左〕は騎馬槍試合、〔図152右〕は合戦の様子を描いたものです。これに対して、中世ヨーロッパでも侵略してきたアジア系遊牧民との戦闘がよくありましたが、その際、中世ヨーロッパの騎士に突撃されたアジア系の遊牧民騎兵は「パルティアンショット」で応戦しながら逃げる姿で描かれています。〔図153左〕は八二〇～八三〇年にフランク王国内で作成された旧約聖書の詩篇写本（『シュトゥットガルトの詩篇』）に添えられた挿絵（〔図122〕も同じ）で、

◉── 152　左は『マネッセ歌謡集』挿絵、14世紀前半、右は『フランス大年代記』挿絵、14世紀後半

七九七年にカール大帝がアヴァール軍を王国の東側で敗退させた戦闘の一場面を表しています。逃げる二人のアヴァール兵が後ろ向きに騎乗しているのは、画家の誤解か、さもなければ「パルティアンショット」の特異性を強調しているのでしょう。

〔図153右〕は十四世紀前半にスイスのチューリヒで作成された中世ドイツの写本（『マネッセ歌謡集』）挿絵です。ここではキリスト教徒のドイツ人騎士に追われて逃げるモンゴル兵が描かれていて、両者の勇怯が対比されているように見えますが、実際にモンゴル兵が臆病だった訳ではありません。チンギス＝ハンの孫、バトゥが率いたモンゴル帝国のヨーロッパ遠征軍は一二四一年にポーランド西部でドイツとポーランドの連合軍を殲滅して、ポーランドを席巻したことがあります。

モンゴル兵の「パルティアンショット」が肯定的に表現されている例がヨーロッパ側にも見られます。〔図154〕はトルコ東部に位置するヴァン湖のアクダマル（アフタマル）島にある聖十字架教会の外壁に施された多数のレリーフの一部です。この教会はアルメニア国王の命によって九一五年から九二一年の間に当時のアルメニアの中心地に建てられました。〔図154右〕はライオンを退治するアルメニア人の聖セルギオス（サルギス）で、典型的な「グレコローマンアタック」（古典式攻法）の構図ですが、左の、クマに向けて「パルティアンショット」（安息式射法）の構えを取っている騎馬武者は風貌と武装か

◉—153　「パルティアンショット」、左は『シュトゥットガルトの詩篇』挿絵、フランク王国、820–830年、右は『マネッセ歌謡集』挿絵、14世紀前半

ら考えてモンゴル人に違いありません。東面左軒先のよく目立つ位置にあるこのレリーフは石材の色調が異なっており、右側の牧歌的なレリーフとも構成上の連続性がなく、また他のレリーフの静穏な雰囲気との違いも大きいので、この地がモンゴル（イル＝ハン国）の支配下にあった十四世紀初めに東面左軒先を補修する際にはめ込まれたと考えられています。恐らくこれはモンゴル人支配者の意向か命令に従ってなされたのでしょう。[図150中央・右]と同様、ここに「グレコローマンアタック」に対抗するモンゴル人の矜持を感じ取ることができます。

ちなみに「パルティアンショット」に用いられる弓は半円形の単純弓（単一素材）ではなくて、三つの湾曲部から成る強力な複合弓（複数素材）で、これはアジアの遊牧騎馬民族が発明したものだと言われます。ところが甲骨文字の（弓）はまさしくこの複合弓の象形文字でしたので、中国では既に殷（商）代晩期の紀元前十四～十一世紀に複合弓が知られていたことになります。もしかしたら複合弓は古代中国人の発明だったのかも知れません。

ここまでやや脱線気味の話が続きましたが、筆者が言いたかったのは、もしも竜退治する聖ゲオルギウス像がアジアで生まれていたとしたら、それはパルティアンショットの竜退治になっていたに違いないということです。しかしそれがグレコローマンアタックであるのは、

◉—154 「パルティアンショット」と「グレコローマンアタック」、アルメニア・アフタマル

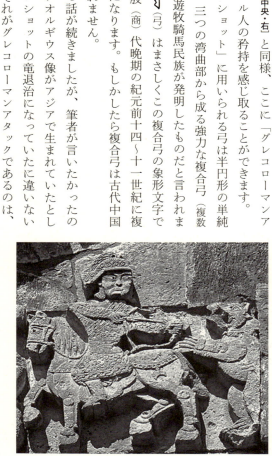

その誕生地が地中海東部の地域であったからこそだという訳です。

今日に生きる竜退治伝説

次章以下で、竜退治の伝説が加わる以前の聖ゲオルギウス伝説がどのようなものであったのかを探る前に、竜退治伝説に出ている別のエピソードが今日でも目に入ることを指摘しておこうと思います。

カトリック教徒の多い南ドイツやオーストリアを旅すると、どの町に行っても必ず「(聖)ゲオルギウスの泉」があることに気付きます。大抵はこのような泉の中央に高く、あるいは背後に竜退治する聖ゲオルギウスの小像が設置されています[▼図155・156]。このような「(聖)ゲオルギウスの泉」こそは、竜退治伝説の最後に述べられる「王は至福のマリアと至福のゲオルギウスに敬意を表して驚くほど

◉—155　聖ゲオルギウスの泉、左と中央はドイツ・フライブルク、右はドイツ・ローテンブルク

◉—156　聖ゲオルギウスの泉、左はドイツ・ラインラント＝プファルツ州トレヒティングスハウゼン近傍、中央はギリシア・クレタ島・ザロス、右はスペイン・カタルーニャ州パジェロルス

荘大な教会を建設した。教会の祭壇からは新鮮な湧き水が流れ出して、それを飲むと全ての病人が良くなった」というエピソードを具現化したものにほかなりません。ところが地元の住民にはこのエピソードが思いのほか知られていないのは意外です。

南ドイツには聖ゲオルギウスの竜退治に由来する伝統行事もあります。バイエルン州の東部、チェコと国境を接するフルトと呼ばれる小さな町は五百年以上も続く「フルトの竜突き」というドイツ最古の野外劇で有名です［▼図157・158］。フルトの大人が総出で毎年夏に開催するこの野外劇の筋は時代によって多少異なるようですが、以下は二十世紀に書かれた台本に基づいています。

時代は十五世紀の前半、フス教徒とカトリック教徒との間で起きた、いわゆるフス戦争の最中です。国境を越えて侵攻して来たフス教徒軍に追われて、フルトの住民はフルト城に逃げ込みます。ところが住民らはそこで、若い女城主の保護人を務めていた大公の代官にいじめられます。彼は自分の財産と権力を拡大するために女城主に自分との結婚を迫ろうとします。彼女の方はある旗手の男に好意を寄せていますが、彼はその時、町の外でフス教徒軍と戦っているところです。悪代官の邪心は次第に増大して、巨大な竜に化けて町を襲うことになります。しかし誰もこの怪物に立ち向かおうとは思いません。フス教徒軍との戦いに敗れて帰

◉— 157 「フルトの竜突き」の看板と最終場面

還した騎士達も竜に対抗する勇気がありません。女城主が、人々を救うために、わが身を怪物に捧げる気になった時、戦場で一時行方不明になっていた、あの旗手が戻って来ます。槍と剣を手に取って彼は悪竜に向かって馬を走らせ、華々しい戦いの中でそれを殺害して、女城主と住民を救います。

この「フルトの竜突き」は元々、宗教行事として演じられていた「聖ゲオルギウスの竜退治」が宗教的な意味を失って、十九世紀に世俗的な大衆娯楽劇に改変されたものだと言われています［▼図159］。二〇一〇年から出演している現在の竜［▼図157右］は高さが何と四・五メートル、幅は三・八メートル、全長は十五・五メートルもある世界最大の四足歩行ロボットで、製作費には二百三十万ユーロ（約三億円）かかったとのことです。これは迫力

◉—158　習俗と伝統シリーズ切手「フルトの竜突き」、ドイツ、2001年

◉—159　19世紀中頃の「フルトの竜突き」

のある立派な竜だけあって、ちゃんと「トラディノ」、日本語で言うと「伝革」という名前まで持っています（トラディション「伝統」＋イノベーション「革新」）。ここまで来るとこれはもうフルト町民の悪乗りとしか思えませんが、この野外劇がフルト最大の観光産業になっているのも事実です。それで一九九〇年からは将来の担い手を育成する意味もあって子供版も上演されています［▼図160］。

ドイツ、特に南ドイツでは、ジョージアやイングランドと同様に、聖ゲオルギウスの人気は絶大です。［図155左］の聖ゲオルギウスの泉は南西ドイツのフライブルクで一九三六年に改修・設置（設計者はメッケル将軍の甥の建築家カルル・アントーン・メッケル）されたものですが、この都市の保護聖人の一人は聖ゲオルギウスです［▼図161］。ドイツ最大の観光名所ノイシュヴァーンシュタイン城の本館正面上部に描かれている聖ゲオルギウスの巨大な壁画［▼図162］はバイエルン国王ルートヴィヒ二世の特別注文だったのでしょう。

◉── 160（上）
「フルトの竜突き」子供版
◉── 161（中央）
聖ゲオルギウスの壁画、フライブルク、1903年
◉── 162（下）
聖ゲオルギウスの壁画、ノイシュヴァーンシュタイン城、1886年頃

第三章

キリストの戦士

第一次十字軍の時代

『黄金伝説』中の「聖ゲオルギウス」の最後に次のような、第一次十字軍時代（一〇九六〜九九年）の伝承が取り上げられています。

『アンティオキア史』を読むと、次のように書かれている。キリスト教徒軍がイェルサレムの攻囲に取りかかった時、一人の眉目秀麗な若者がとある司祭の所に現れて、自分はキリスト教徒軍の指揮官、聖ゲオルギウスだと言い、彼らが自分の遺骨をイェルサレムへ持参するようにと、そうすれば自分はいつも彼らと一緒なのだと告げた。

彼らはイェルサレムを攻囲したが、サラセン人らが抵抗したので、誰もはしごを使って城壁をよじ登る勇気がなかった時、福者ゲオルギウスが白い鎧兜を身にまとい、赤い十字の印しを付けて現れて、自分に続いて恐れずに城壁をよじ登り、町を占拠せよと合図した。彼らはこれに勇気づけられて町を占領してサラセン人らを滅ぼしたのだと。

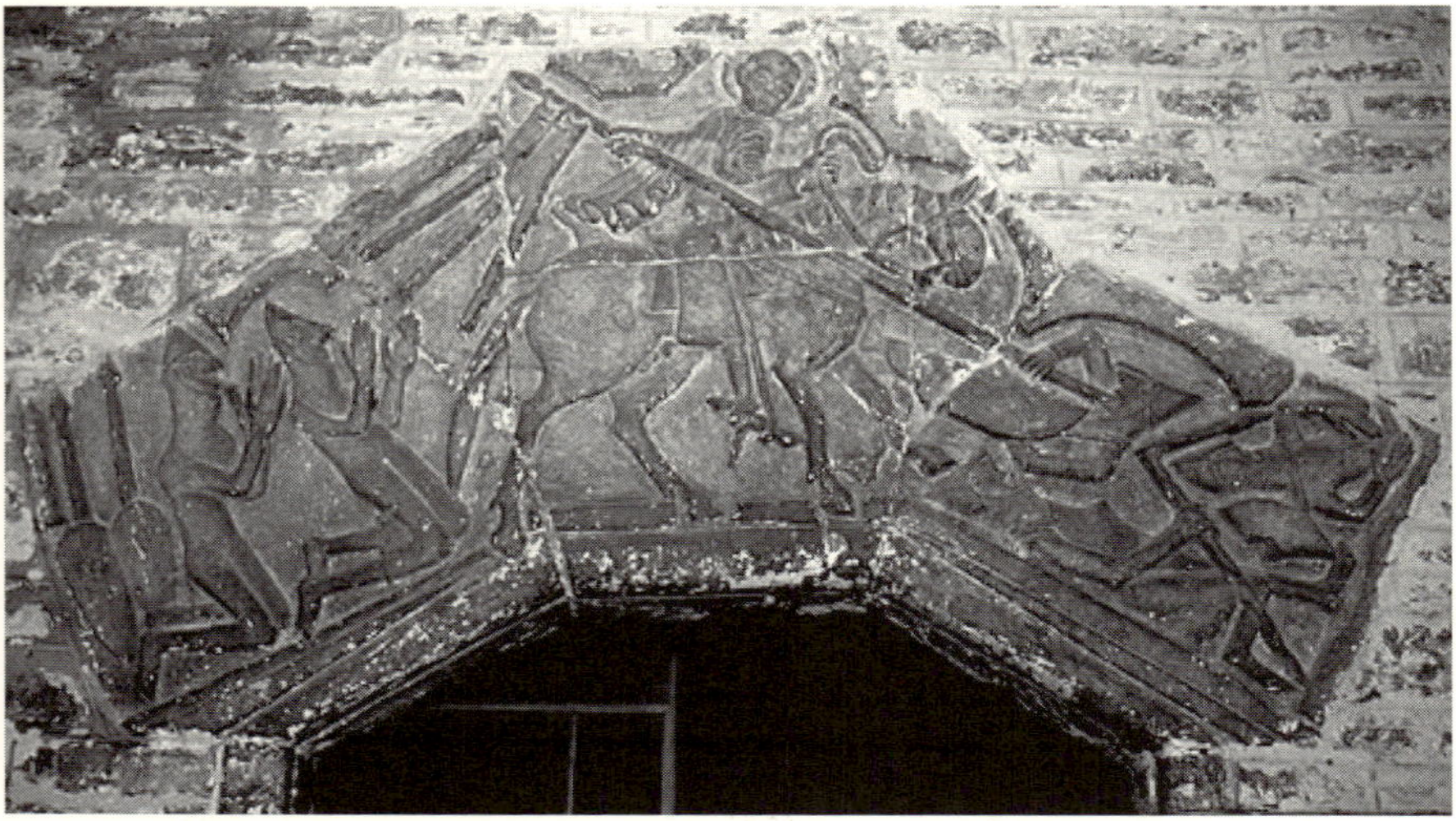

◉──163　サラセン人を制圧する聖ゲオルギウス像、イギリス・フォーディントン、1100年頃

これが単なる作り話なのか、それとも誰かが聖ゲオルギウスに扮装して参戦した事件だったのかは分かりませんが、この話は十字軍参加者によって西ヨーロッパに伝わり、聖ゲオルギウスは騎士の鑑だともてはやされることになります。驚いたことにイギリスでは早くも一一〇〇年頃にはもうドーセット・フォーディントンのセント・ジョージ教会とハンプシャー・デイムラムの教会の入り口にサラセン人を制圧する聖ゲオルギウスが彫られています［▼図163・164］。［図165・口絵22］は北西フランスの修道院で十二世紀末に作られた聖書の挿絵です。この第一ページの挿絵では、イェルサレム地図の下に聖ゲオルギウスがイスラム教徒のサラセン人を追撃している場面が描かれています。後に続くのは四世紀初めにギリシアのテッサロニケ（テサロニキ）で殉教したとされる聖デメトリウス（デメトリオス）です。

◉──164　サラセン人を制圧する聖ゲオルギウス像、
イギリス・デイムラム、1100年頃

◉──165　サラセン人を追撃する聖ゲオルギウスの写本挿絵、
フランス、12世紀末

聖ゲオルギウスは、地中海東部の地域では竜退治者としてよりも先にキリストの戦士としてイメージされていました［▼図166–171］。［図168］はルーヴル美術館にある「アルバヴィルの三つ折り象牙板」と呼ばれる縦約二十四センチメートル、横約二十八センチメートルの精巧な象牙彫刻板で、九五〇年頃にビザンティンの宮廷用に製作されたと考えられています。中央板の上段中央にイエス・キリストが着座し、その右に聖母マリア、左に洗礼者ヨハネが立っています。右翼上段の左が聖ゲオルギウスで、その右は聖エウスタキウス（ユースタス）です。左翼上段には新兵の聖テオドルスと将軍の聖テオドルスが同じく完全武装して立っています。十／十

◉—166
聖ゲオルギウスの壁画、ビザンティン・エジプト・バウィト、6世紀

◉—167
聖ゲオルギウスの先導十字架、ビザンティン・シリア、6世紀後半
（左は模写図、右はその部分拡大）

◉── 168 「アルバヴィルの三つ折り象牙板」と聖ゲオルギウスのレリーフ、ビザンティン、950年頃

◉── 169（左） 聖ゲオルギウスの滑石レリーフ、ビザンティン・ギリシア・アトス、10/11世紀
◉── 170（中央） 聖ゲオルギウスの打ち出し銀板、ジョージア、11/12世紀
◉── 171（右） 聖ゲオルギウスの石板レリーフ、ヴェネツィア、12世紀

一世紀にジョージアで作られた銀板レリーフ［▼図172］では聖ゲオルギウスはキリスト教徒の迫害者を征伐する戦士として打ち出されています。

ヒューフィンゲンの銀盤

キリストの戦士としての聖ゲオルギウス像に関しては二十世紀の後半になって考古学的な大発見が相次ぎました。

一九六六年のことです。ドイツ南西部に位置するバーデン＝ヴュルテンベルク州のそのまた南西部にあるヒューフィンゲンで、個人住宅の基礎工事中にパワーショベルが偶然、古い木製墓に掘り当たりました。連絡を受けた考古学の専門家が現地に駆けつけた時には、既にかなりの出土品が地元住民の手に渡っていたようです。そこで直ちに両刃の長剣、斧、槍、更には盾の残骸などの武器が回収されましたが、兜や鎖鎧のような武具は確認されなかったとのことです。さらには馬具の一部と思われる直径が約十一センチメートルの薄い銀盤も二枚［▼図173左・中央・口絵21］ありました。中に葬られていたのは二十歳台の男性で、出土した木材の年輪年代測定によって六〇六年に埋葬されたことが判明しました。

その後ドイツ考古学研究所のゲールハルト・フィンガリーン教授が長年に渡って根気よく広報活動を行った結果、二〇〇八年になってやっと行方不明になっていたもう一枚の銀盤［▼図173右］も匿名の条件で返還さ

◉— 172　聖ゲオルギウスの打ち出し銀板、ジョージア、10/11世紀

れました。

この三枚の打ち出し銀盤は馬胸の革ひもに付けられていた飾り［▼図90・91］で、聖母子像を中心にして左右に騎馬武者像が配されており、馬は両方とも人面ヘビを踏みつけています。この騎馬武者をフィンガリーン教授はキリスト像だと解しました。しかしながらフライブルク大学のキリスト教考古学者、ライナー・ヴァールラント教授はそうではなくて、名前を特定することなく、キリスト教徒戦士だと主張しています。そこで私は両者の顔を拡大してみました。すると左の戦士には髭はありませんが、右の戦士は頬髭と顎髭を生やしているように見えます［▼図174］。

このような年少者と年長者の戦士を組み合わせた画像や彫像は幾つか知られています。

［図175］はエジプト・シナイ半島の先端にあるシナイ山麓の聖エカテリニ（キャサリン）修道院で六世紀に作成された蠟画のイコンです。これ

◉——173　ドイツ・ヒューフィンゲン出土の打ち出し銀盤、北イタリア（ビザンティン？）、6世紀、左は聖ゲオルギウス、中央は聖母子、右は聖テオドルス

◉——174　ヒューフィンゲン出土銀盤の聖ゲオルギウス（左）と聖テオドルス（右）

には聖母子を警護する髭面の聖テオドルス（左）と髭なしの聖ゲオルギウス（右）が描かれています。［図176］も同じ聖エカテリニ修道院で描かれた九／十世紀の蠟画イコンですが、本来は聖母子像の左右に配された画像でした。髭面の聖テオドルスが竜を退治しているのに対して、髭なしの聖ゲオルギウスは迫害者を成敗しています。

全く同一の構図が十世紀のアルメニアにもありました。［図177］はヴァン湖のアフタマル（現トルコ・アクダマル）島にある聖十字架教会のレリーフです。左側の竜退治する騎乗戦士は右横に記されたアルメニア語から聖テオドルスであることが分かります。顔面はイスラム教徒によって破壊されていますが、頬には髭が残っています。右側の迫害者を成敗する髭なしの騎乗戦士が聖ゲオルギウスです。こうして見ると、竜退治は聖テオドルスの方が大先輩であったことが分かります。なお、この二人の騎乗戦士にはさまれた壁面には同じ構図でライオンを退治するアルメニア人の聖セルギオス（サルギス）のレリーフもあります［▼図154右］。

◉—175（上）　聖母子を警護する聖テオドルス（左）と聖ゲオルギウス（右）のイコン、ビザンティン・エジプト・シナイ、6世紀末

◉—176（下）　聖テオドルス（左）と聖ゲオルギウス（右）のイコン、ビザンティン・エジプト・シナイ、9/10世紀

聖テオドルス（ギリシア語はテオドーロス）は四世紀初めに異教の神への礼拝を拒んで、その神殿に放火したため、拷問を受けて火刑に処せられた小アジア出身の軍人だったようです。彼の伝説が広まる過程で「将軍」という肩書きが付されるようになります。髭を生やした姿で描かれるのは、彼のこの地位に基づいています。彼が竜を退治したとされるのは、異教の神を退治したことから生まれた伝説だろうと思われます。

竜を退治する聖テオドルスと迫害者を成敗する聖ゲオルギウスの組み合わせは十／十一世紀のジョージアにも見られます［▼図178・179］。

十二世紀初めにキエフで作られた石版レリーフ［▼図180］と一二一二年に描かれたビザンティン・小アジア・カッパドキアのフレスコ画［▼図181］では聖ゲオルギウスと髭面の聖テオドルスが共に竜を退治しています。

従ってヒューフィンゲン出土の左の銀盤は聖ゲオルギウスで、右は聖テオドルスだと断定して差し支えがないのではないでしょうか。私がこの考えをフライブルク大学のヴァールラント教授にメールすると、すぐに「ご意見に私は同意します」というメールが返って来ました。

◉── 177　聖テオドルス（左）と聖ゲオルギウス（右）のレリーフ、アルメニア・アフタマル、915–921年

◉── **178**　聖ゲオルギウス（左）と聖テオドルス（右）のレリーフ
ジョージア・ジョイスバニ、10世紀

◉── **179**　聖テオドルス（左）と聖ゲオルギウス（右）のレリーフ
ジョージア・ニコルツミンダ、11世紀初め

◉── **180**　聖ゲオルギウス（左）と聖テオドルス（右）のレリーフ、キエフ、12世紀初め

◉—181　聖テオドルス（左）と聖ゲオルギウス（右）のフレスコ画
ビザンティン・小アジア・カッパドキア、1212年

ヒューフィンゲン出土の銀盤は西ヨーロッパで現存最古のI型の、つまり王女救出を伴わない竜退治する聖ゲオルギウス像ですが（四九頁参照）、これは初期のビザンティン様式を北イタリアでやや変形して作ったものと考えられています。この銀盤が、被葬者のアレマン人軍人が北イタリアを攻略した際の戦利品だったのか、それとも交易品だったのかは不明です。しかしいずれにしても彼が、後にドイツと呼ばれることになる地域で極めて早期のキリスト教徒であったことは間違いありません。彼はこの三枚組の銀盤を誇らしく愛馬の胸に飾って戦場を駆けていたのでしょう。それ故にこそ、その早逝を深く悼んだ遺族が彼の愛用品を副葬したのだろうと思われます。

ヴィニカの陶製イコン

一九八五年から一九八八年にかけてもマケドニア共和国のヴィニカ近くで驚くべき発見がありました。ここのローマ時代の要塞跡からキリスト教に関係する陶製のイコンが多数発掘されたからです。その一枚は［図182］で、聖クリストフォルス（クリストファー）の右に立って人面ヘビの頭に槍を突き刺して踏みつけているのが聖ゲオルギウスです。右枠に縦にラテン語で「ゲオルギウス」と表示されています。彼の右手が触れているのは盾です。同じ木型から成型されたものが他に五点ありました。この製作年代は五／六世紀とされていますので、これは現存最古の聖ゲオルギウス像ということになります。ここには聖テオドルス像もありました[▼図183]。残念なことに右の半分が欠けていますが、髭面の左に「聖テオドルス」と、槍で突き上げられた竜の右下に「ドラコ（竜）」とあります。

ここまで来た所で読者の中には、前章で示したワレンティニアヌス三世金貨[▼図115]の図像とマケドニア・ヴィニカで出土した陶製イコンの聖ゲオルギウス像とがほぼ同一の構図[▼図184]であることに気付いた人がいるのではないでしょうか。年代的にも繋がることから、この現存最古の、人面ヘビを踏みつける聖ゲオルギウス像はワレンティニアヌス三世金貨の影響下で生まれたと考えて間違いないでしょう。と言うことはやはり、この聖ゲオルギウス像もペルセウス・アンドロメダ型伝説への再解釈の結果ではなくて、この再解釈の動因だったということになります。他方、ドイツ・ヒューフィンゲン出土の、現存最古の竜退治するI型の聖ゲオルギウス像[▼図173左]は古代ギリシア・ロー

◉—182　聖ゲオルギウス（右）の陶製イコン、マケドニア・ヴィニカ、5/6世紀

マの長い文化的な伝統の延長線上で生まれたと言えます。ここでは聖ゲオルギウスが人面ヘビ［▼図185］を踏みつけていて、王女が見えないことから、これもまだペルセウス伝説型の、つまり王女救出を伴うII型竜退治だとは解釈できません。

中世騎士の鑑

「キリストの戦士」としての聖ゲオルギウスは中世ドイツの騎士階級にも騎士の鑑として大いにもてはやされました。バイエルン王国の宮廷詩人、ドゥルネ・フォン・レインボト（ラインボート）は国王夫妻の要請を受けて一二五〇年頃に六千行を超える脚韻叙事詩『聖ゲオルク』を作成しています。これにはフランス語

◉── 183　聖テオドルスの陶製イコン
マケドニア・ヴィニカ、5/6世紀

◉── 184　ワレンティニアヌス3世（左）とヴィニカの聖ゲオルギウス（右）

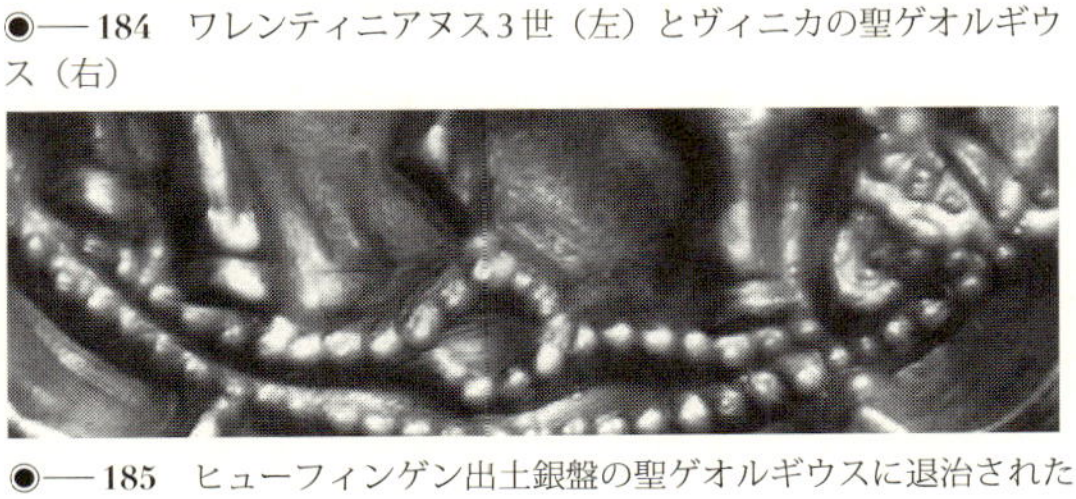

◉── 185　ヒューフィンゲン出土銀盤の聖ゲオルギウスに退治された人面ヘビ

かラテン語の原典があったのかも知れませんが、これまでの所そのような原典は見つかりません。粗筋は以下のようです。

パレスティナ辺境伯の息子ゲオリ（ゲオルク、ゲオルギウス）は兄のテオドルスやデメトリウスと力を合わせて異教徒の国々を征服し、サラセン人に対しても勝利します。兄達はゲオリの卓越性を認めて、彼に国を委ねます。

その後間もなく彼はカッパドキアに向かい、そこでディオクレティアン王とマクシミリアン王と戦いますが、キリスト教の教えを説くために、武器を持たずに異教徒らの前に立とうとします。彼は異教徒の支配者、ダッィアンの宮殿にやって来て、最初は彼の輝かしい戦歴故に歓待されます。その後ダッィアンとゲオリは信仰論争を始めます。この論争に詩人のレインボトは教育上の重大な意味と目的を込めています。

ダッィアンは、ゲオリの信心をぐらつかせることができないと分かるや、暴力でもって転向させようとします。アポロ神を悪魔として地獄に落としたりした驚異的な行為をダッィアンは魔術だと決めつけます。この後に色々な拷問が続きます。ゲオリは車輪刑に処せられて体を四つに引き裂かれ、泥沼に投げ込まれます。その際に彼はダッィアンの妃、アレクサンドリナをキリスト教に改宗させることに成功しますが、彼女は処刑されてしまいます。復活した彼の奇跡的な行動によって多数の異教徒達も転向します。「不滅の生命を持つ殉教者」が最後に斬首されると、ダッィアンとその家来らは生じた大火で焼死して、地獄に落ちて行きます。

この作品は、十三世紀の中世盛期においては芸術的に最も優れた伝説叙事詩の一つでしたが、中世末期の読者には、竜退治の話が含まれていなかったためか、人気を失い、顧みられなくなってしまいました。ただし作品の最初に、ゲオリは「ライオンやクマ、竜、大蛇を打ち殺す」(466, 467) ほど勇敢な騎士だと紹介されてはいます。

なお、聖ゲオルギウスと聖テオドルス、聖デメトリウスの三大聖人戦士を実の兄弟として描いたのはレインボトの独断や独創ではなくて、既に十二世紀にウクライナで作られた凍石レリーフ【▼図186】でも三聖人が兄弟のように一緒に表現されています。

◉—186
聖テオドルス(左)、聖ゲオルギウス(中央)、聖デメトリウス(右)の凍石レリーフ、ウクライナ南部・ヘルソン、12世紀

第四章　聖ゲオルギウスの受難と殉教

『黄金伝説』の殉教伝

ヤコブス・デ・ウォラギネの『黄金伝説』が伝える聖ゲオルギウスの受難と殉教の伝説は以下の通りです。

ディオクレティアヌスとマクシミアヌスが支配していたかの時代に、総督ダキアヌスの下で一か月間に一万七千人のキリスト教徒が殉教でもって栄冠を受けるという大きな迫害があった。多種多様な拷問の中で多数のキリスト教徒が過ちを犯して、偶像らに供犠したほどであった。

聖ゲオルギウスはこれを見て、心の底から苦痛にさいなまれ、所有していた物を全て喜捨し、軍服を脱ぎ捨てて、キリスト教徒達の服装をまとった。そして民衆の真ん中に進み出て大声で叫んだ。「異教徒らの神々は全て悪霊である。しかしながら我らの主は天を造った」。総督は怒って彼に言った。「汝はいかなる自惚れから我らの神々を悪霊だと敢えて呼ぶのか。汝はどこの出か言え。さらにまたいかなる名前で呼ばれているのか」。彼にゲオルギウス曰く。「我はゲオルギウスという名である。カッパドキアの高貴な家系の出であり、パレスティナをキリストの後援によって征服した。しかしより自由に天の神に奉仕し得るよう、我は全財産を放棄した」。

総督は彼の心を自分の方へ向けることができなかったので、彼を馬形の拷問台に載せて、彼の体を部分ごとに鉤爪で引き裂くよう命じた。その上、両横腹に燃え木を当てて、内臓の裂け目が広がると、彼の傷口を塩でこすれと命じた。

その夜、主はとても明るい光と共に彼の所に現れて、彼を快く励ました。主の優しい姿と言葉によって彼は、いかなる拷問も取るに足らぬものとみなすよう、強化された。

ダキアヌスは、彼を懲罰では打ち負かし得ぬと見て、ある魔術師を呼び寄せて言った。「キリスト教徒らは自分達の魔術的手段でもって拷問を嘲弄し、我らの神々への供犠を無視している」。彼に魔術師曰く。「もし我が彼の術策を打ち負かし得なかったならば、斬首の責めを負いましょう」。そこで彼は、自らの妖術を投入し、自らの神々に名を呼びかけ、葡萄酒に毒薬を混ぜて、聖ゲオルギウスに飲むようにと差し出した。それに対して神の勇士は十字の印しを切って一気飲みしたが、それからはいかなる被害も感じなかった。

再び魔術師は前よりも強い毒薬を混ぜたが、それを神の勇士は十字の印しを切って、何の被害もなく全て飲み干した。それを見て魔術師は直ちに彼の足元にひれ伏し、泣きながら容赦を請い求めて、キリスト教徒になりたいと願った。裁判官ダキアヌスは直ちに彼を斬首させた。

翌日、彼は両刃の剣が回りの至る所にはめ込まれた車輪の傍にゲオルギウスを横たえよと指図した。しかしそれは直ちに砕けて、ゲオルギウスは全く無傷のまま現れた。その時ダキアヌスは怒って彼を溶けた鉛で満ちた釜の中に投げ込めと指図した。彼は十字の印しを切ってその中に入ったが、神の力によってあたかも浴槽につかっているかのように元気になり始めた。

これを見たダキアヌスは、脅しでも拷問でも打ち負かし得なかった彼を甘言でもって懐柔しようと考えて、彼に言った。「息子のゲオルギウスよ、我らの神々がいかに慈悲深いのかを汝は知っている。神々は冒瀆的な汝をこのように我慢強く許容しており、それにもかかわらず、もし汝が転向しようと欲したならば、大目に見る用意をしている。故に、最愛の息子よ、棄教して我らの神々に供犠し、神々からも我らからも大きな栄誉を求めるよう、余が促す事を行え」。ゲオルギウス微笑して彼に曰く。「何故に最初から拷問よりもむしろ機嫌取りの言葉で我を説得しなかったのか。見よ、我は汝の促す事を行う用意ができている」。この譲歩に騙されたダキアヌスは嬉しくなり、伝令使の声によって、全住民が自らの許に集まり、これまで長く逆らっていたゲオルギウスがついに屈服して供犠するのを見るようにと指図した。それ故に全町民は喜びの余り着飾ったのだが、ゲオルギウスが供犠を行おうと偶像らの神殿に入り、全町民がその所に喜んで立っている時、彼は両膝を曲げて、神殿を偶像らと共に完全に破壊するよう主に懇願した。神自らへの賛美と人々の改宗のためにそれが何も完全に残らない程にと。すると直ちに火が天から降って来て、神々と祭司らと共に神殿を焼き尽くし、大地が開いてそれらの残骸を全て飲み込んでしまった。

これを聞いたダキアヌスはゲオルギウスを自分の所へ連れて来させて彼に言った。「最悪人よ、汝はこのように悪事を働いたが、汝の奸策はどのようであったのか」。彼にゲオルギウス曰く。「王よ、そうだとは考えるな。我と共に出向いて、再び我が供犠するのを見よ」。

ダキアヌス曰く。「余には汝の欺瞞が分かる。なぜなら汝は、神殿と余の神々を大地に飲み込ませたように、我を飲み込ませようと欲しているからだ」。ゲオルギウス曰く。「哀れな者よ、我に言え。自分を助け得なかった汝の神々がどのようにして汝を助けるであろうか」。

非常に怒った王は自らの妻アレクサンドリアに言った。「余は死んでしまおう。この男に打ち負かされたと認めるからだ」。彼女曰く。「残酷な暴君にして殺人者よ。これ以上度々キリスト教徒達を苦しめないようにと、我は汝に言わなかったですか。彼らの神が彼らのために戦っている故に。汝は今、我がキリスト教徒になるつもりであることを知るべきです」。王は驚愕して曰く。「ああ、悲しや。汝も誘惑されたのか」。そして彼は彼女を毛髪で吊るし、複数の鞭で極めて手荒く打たせた。彼女は打たれている間にゲオルギウスに言った。「ゲオルギウス、真理の光よ、まだ洗礼の水で生まれ変わっていない我はどこへ行くと思いますか」。彼女にゲオルギウス曰く。「娘よ、途方にくれるな。汝の出血が汝への洗礼にして栄冠だとみなされるであろうから」。それから彼女は主に向かって祈りつつ霊を放った。

しかし翌日ゲオルギウスは、町中を引き回されて、その後に斬首されるべしという判決を受けた。そして彼は、誰もが主の救いを求め、自らの請願の効果が得られるようにと、主に祈った。そして祈った通りになるという神の声が彼に届いた。祈りが終わると、彼は斬首によって殉教を果たした。主の年の二八七年頃に統治し始めたディオクレティアヌスとマクシミアヌスの時代であった。しかしダキアヌスがゲオルギウスの斬首された所から宮殿に戻った時、火が天から襲いかかって、彼を従者らと共に殺害してしまった。

この聖ゲオルギウス殉教伝を読む限りでは竜退治伝説が何故に、またどのように関わるのかを理解することは全く不可能です。竜退治伝説が後から無理やり付け足されたのは明らかですが、しかし何かその切っ掛けがあったに違いありません。そこですぐに思い浮かぶのは、倒した宿敵を竜や大蛇になぞらえたローマ皇帝がいたように、聖ゲオルギウスに滅ぼされた総督ダキアヌスも竜とみなされたのでしょう。このことの手掛かりは別の、本来的な聖ゲオルギウス殉教伝を読むと見つかりました。

最古の殉教伝

聖ゲオルギウスの最初の殉教伝は四世紀後半に小アジアのカッパドキア地方においてギリシア語で書かれたと考えられています。しかしこのギリシア語の原典は伝存しておらず、現存最古（五／六世紀）の写本は簡略化された民衆本の断片なので、詳細は早くに作られたラテン語訳に頼らざるを得ません。これには極めて多数の伝本が存在しています。この内で、九世紀以前にまでさかのぼり得る現存写本の主要タイプはX、S、Y、Zの四系統あります。Xタイプは最も詳細な内容を持つ最古（五世紀）のラテン語訳で、ギリシア語原典に最も近いとされます。Sタイプも同じく五世紀にXタイプとは無関係にラテン語訳され、南ドイツでのみ広まっていました。分量はXタイプの半分くらいで、粗筋はXタイプと同じです。Sタイプよりもさらに短いYタイプはローマで作られ、八世紀からアルプス以北に広まりました。ZタイプはXタイプから作られているものの、刑死や復活が省略されていて、極めて単純・平板な内容です。しかし西ヨーロッパで最も普及したのはこのZタイプでした。『黄金伝説』が伝える話もZタイプです。ここではハウブリヒス（一九七九年）によって校定されたXタイプのテキストを和訳して、最古の聖ゲオルギウス殉教伝を以下に示します。

『聖ゲオルギウスの受難』

1　かの時に悪魔はペルシア人らの王ダキアヌスを素早く捕らえた。この王は世界の王笏たる四本の杉を支配し、その国の全ての王に勝っていた。彼は、全ての王は一か所に集まれとの命令を全国に発した。そして七十二人の王が集まった時、法廷と輪をなす王らや顧問官らと兵士らの前に着席して、皇帝ダキアヌスは用意してあった全ての拷問具を全民衆の眼前に集めよと命じた。そこに立っている全員に拷問具の完成品を見せて、仰天させるためであった。その中には銅製の箱の中に打ち付けられた両刃の複数の剣、鍋釜、極めて鋭い鋸、銅製の牛、火でもって半長靴に打ち付けられた鉄鉤、鉄の車輪、その他に多くの拷問具があって、その数は無数であった。彼は言った。「もしも反駁して、神々に供犠せぬ者どもを余が見つけたならば、余はそ奴らの舌を刻み、目をえぐり取り、耳を塞ぎ、顎を切り取り、歯を引き抜き、脳味噌をばら撒き、肘を切り離し、首を押し潰し、肩をむしり取り、脛の骨を切り離し、足と腱を刻み、内臓を掻《か》き出し、そして残りの肉体を虫どもにくれてやるであろう」。神を信じるつもりであった多くの者は、前に置かれた拷問具を見て、恐怖の余り離反し、誰も自分がキリスト教徒だとは敢えて言わなかった。

2　数え切れぬほどの民衆が集まっていた時に、見よ、あたかも非常に明るい星が天地の間を照らすかのように、神の聖なる僕ゲオルギウスが、由来はカッパドキア人にして多くの兵を統べる総督が多量の金《きん》を持って皇帝ダキアヌスの所へ執政官に昇進するためにやって来た。ゲオルギウスは多くの王が皇帝ダキアヌスの所に、キリストを冒瀆し、悪魔らを崇拝する自らの軍隊を引き連れて集まっているのを目にした。そこで神の僕は自ら運んで来ていた全ての金を貧しい者達に分け与え、着ていた軍服を脱いで、それを地面に投げ出し、心の中で語った。「彼らが主を認識しないようにと、悪魔は彼らの目を完全に見えなくしてしまった」。彼は民衆の中央にて大声で叫んで言った。「王らよ、何物にも勝らぬ汝らの脅しを止めよ。神々の名を呼ぶな。それらは神々しくはなくて、人間の手による作である。天地を造りはしなかった神々は大地から消え去れ」。

3　皇帝は彼の声を聞いて沈黙し、彼の方をじっと見て言った。「男よ、汝は我らに侮辱を加えただけではなく、全ての神々を最小にしてしまった。全ての者に恩寵を与えるのは神々である。それ故に汝はここに来て、全地を保持し、全世界を司るアポロに供犠せよ。もちろん汝がどの町の出身か余に言え。また汝の名は何と呼ばれるのか。また何のために汝はここに来たのか」。彼に聖ゲオルギウスは答えて言った。「我は神の僕である。人々に付けられて持つ名として我はゲオルギウスと呼ばれ、キリストとの交わりにおいて我はキリスト教徒である。出身からはカッパドキア人であり、多数の兵士の上にあって、キリストとの交わりの内にわが軍務をよく果たした。我はパレスティナ地方にもいたことがある。皇帝よ、いかなる神々に供犠せよと汝は我に促すのか、我に言え」。皇帝は言った。「天をアーチ形にしたアポロに。あるいはとにかく、大地を固定すると我らが言うネプトゥヌスに」。聖ゲオルギウスは答えた。「汝の言うその者を我は崇拝しない。年老いた竜よ、汝故ではなくて、汝が集めた彼ら、汝と共に座っている王らでもなく、まさに期待せんとしている民衆故に。我は最初から、聖人達の名を神の慈悲と呼び、そして汝の神々の業を語るために、我は少数の者の名を挙げる。汝は誰を我と同類にするのか。教会の柱、第一の使徒たるペテロをか、それとも世界の破滅たるアポロをか。地を歩き、天に滞在する地の人にして天の使いのヘリアス・テスピトをか、それとも火を自らの魔術によって作り出した大スカマンドルス、即ち自らの業によって海の中に沈められた、タルサルとサルカファスを生んだメディアの友をか。皇帝よ、我に言え。汝は誰を我と同類にするのか。エヴァか、それとも預言者達の殺害女イゼベル（列王記上一六章）をか。あるいはとにかく、主を生んだマリアをか。皇帝よ、我に言え。汝は彼らよりも先に何を我と同類にするのか。ヘラクレスの戦いをか、預言者達の勝利と殉教者達の栄冠をか。皇帝よ、赤面せよ。汝が信じているのは神々ではなくて、耳の聞こえぬ、目の見えぬ偶像であり、人間の手による作であるが故に」。

4 そこで皇帝は立腹して、彼を馬形拷問台に載せて拷問し、足の爪をはがし、彼の臓腑を裂けと命じた。彼の全身が傷つけられたが、彼はこれらの拷問にキリストとの交わりの内にあって耐えた。再び彼を下に降ろして、町の外へ連れて行き、四台の器械によって彼を引き伸ばし、彼の体の中に残っている肉を複数の棒で梳《す》き、彼の傷の上に塩を振りかけ、傷口を粗布で拭《ふ》けと命じた。再び鉄の半長靴を持って来いと命じ、彼にその靴をはかせて、彼の両足に複数の釘を打った。すると彼の両脚から血が泉のように流れ出た。再び皇帝ダキアヌスは彼に町の中に入れと命じた。しかしいかなる拷問具も彼には効き目がなかったのを見て、再び彼を大きな箱の中に固定し、彼の股の付け根に釘を通し、箱の中から鉄の鉤で彼の筋肉をむしり出せと命じた。しかしいかなる拷問具も彼の害にならなかったのを見て、彼を下に降ろせと命じ、そして彼の脳味噌が鼻腔から吐き出されるよう、鉄の槌で彼の頭を打ち砕けと指図した。しかし彼は慈悲深いキリストとの交わりの内にあって、更に強化された。再び彼を牢獄へ放り込めと命じ、四度目の突き刺しとして杭で引き伸ばせと指図した。それから十八人の男でもほとんど運べない石柱の一部を切り取れと命じた。彼らはそれを彼の腹の上に置いたが、それは彼を少しも害しなかった。

5 牢獄の中にいる時に彼は、悪魔に打ち勝つよう、魂も四肢も強くしてくれた神を祝福した。その時、突然、見よ、とても明るい光が牢獄の中に輝いた。同じ夜に主はまた牢獄の戸を開けて言った。「ゲオルギウスよ、強くあれ。弱音を吐くな。我は汝と共にいるが故に。我は我自らとわが天使らにかけて、女から生まれた者達の中でヨハネよりも偉大な洗礼者は預言者達の中に存在せず、わが王国の中とわが聖人達の中では誰も汝より偉大ではないと誓って言おう。見よ、汝があの七十二人の王から七年の間まさに受けんとしている受難を。いかなる拷問具も汝を害しないであろう。三度汝は死ぬであろう。そして三度我は汝を復活させるであろう。しかし四度目に我は汝の所に来て、汝は我が汝に委ねたものを返すであろう。汝は真に強くあれ。弱音を吐くな。我は汝と共にいるが故に」。主は彼を訪ねた後、自らの天使達と共に天へ上がった。聖ゲオルギウスは一晩中、主に祈ることを止めなかった。彼の目には、主が彼の所に現れたという喜び故に、幻想はなかった。

6 二日目が明けると、皇帝は彼を牢獄から自分の面前へ連れ出せと命じた。聖ゲオルギウスは民衆の方を見て、歌って言った。「神よ、わが保護へと動きませ。主よ、我を励ましに急ぎませ」。そして彼は皇帝の方へ歩いて来て、彼に言った。「見よ、汝は汝の神アポロと共に、しかし我はわが主イエス・キリストと共にいる」。そこで皇帝は彼を引き伸ばし、背中に百の傷を、腹に四十の傷を受けるまで強く打てと命じた。そのようにしたまま彼を牢獄に閉じ込めよと指図し、彼の両脚を革紐で縛れと命じた。そして彼は次のような書簡を書いた。「皇帝ダキアヌスは全世界に挨拶する。もし誰か魔術師がキリスト教徒らの魔術を解き得るなら、わが方に来るがよい。余はその者に三十ポンドの金と六十ポンドの銀と多くの財宝を与えよう。そしてその者はわが王国内において幸せになるであろう」。書簡が世界中で読まれた後、アタナシウスという名の魔術師が聞きつけて、皇帝の所へやって来て、彼に言った。「キリスト教徒であると汝が言う者を来させよ。もし我が彼の魔術を解き得なかったならば、死に値する判決を我が受けるように命じよ」。皇帝はこれを聞いて、大きな喜びに満たされた。そこで彼に皇帝は言った。「彼の魔術を解くために、汝がまさに彼に対してしようとしている事は何か」。魔術師は答えた。「二頭の雄牛を連れて来るように命じよ。汝は見ているがよい」。雄牛らが連れて来られると、その耳に彼は呪文を唱え込んだ。すると一頭の雄牛が真っ二つに分かれた。皇帝は喜んで言った。「真に汝は彼の魔術を解き得るであろう」。魔術師は言った。「皇帝よ、待ちなされ。汝は驚くべき事を目にするであろう」。再び彼は首木を持って来るよう命じた。そして分かれていた雄牛を接合した。民衆は彼の業に驚嘆した。

7 そこで皇帝は聖ゲオルギウスを引っ張って来て、自らの面前に連れ出せと命じ、そして彼に言った。「ゲオルギウスよ、汝故に余はこの魔術師を得たのである。汝が彼の魔術を解くのか、はたまた彼が汝の魔術を解くのか。彼が汝を滅ぼすのか、はたまた汝が彼を滅ぼすのか」。そこで福者ゲオルギウスはじっと考えつつ、その若者を見て言った。「汝は急いで、しなければならぬ事を行え。我には汝がおもむろに主の足跡を悟るのが分かる」。その時アタナシウスは杯を手に取って、悪魔らの名を呼び、聖ゲオルギウスに飲むようにと手渡したが、何も彼の害にならなかった。魔術師は皇帝に言った。「我が彼に対して行う事がまだ一つある。しかしもし我が彼を殺さなかったならば、我は十字架に掛けられよう」。そこでアタナシウスは杯を手に取って、先のよりも更に強力な悪魔らの名を呼んで、彼に飲むようにと手渡したが、何も彼の害にならなかった。そこでアタナシウスは大声で叫んで言った。「ゲオルギウス、正義の明かりよ。天から地に降りて来て、悪魔に妨げられていた全ての者を解放した、生命を持つ神の、十字架に掛けられた子息の助力によってわが魂を解放し、天国の門の中に入れるようキリストの印しを我に与えよ」。皇帝は起きた事を見て、アタナシウスを町の外へ連れて行き、剣で殺せと命じた。一月の土曜日の第一時であった。再び彼は、神の聖者ゲオルギウスをいかに滅ぼすべきかを考える間、彼を牢獄に拘留しておけと命じた。

8 次の日、皇帝は車輪と鋭く尖らせた複数の釘を持って来いと命じ、あたかも半長靴に打つように、車輪に釘を打ち付けた。そして器械を据え、その中に両刃の複数の剣を植え付けた。それらの中へ聖ゲオルギウスを入れよと指図した。聖ゲオルギウスはやって来て、器械となって回る車輪を見て、心の中でつぶやいた。「汝はこの器械から我が解放され得ると思うか」。そこで頭を振って言った。「ああ汝、ゲオルギウスよ。汝はキリストが二人の盗賊の間で十字架に掛けられた時を思い出せ」。そして天をじっと見て言った。「我は汝の命令を思い出す。主イエス・キリストよ、汝の命令を。汝の支配は永久かつ永遠に続く。汝を称える殉教者達の栄冠よ、汝を信じる者達の歓喜、力、忍耐よ、聖なる主よ。汝が天地を造る前に汝の霊は水上に運ばれた。そして人の誰もが知らぬ、また見ることもできぬ汝、永遠の英知は安らいだ。大地を固定し、天をアーチ形に作り、雲を満たして、正義者達の上にも不正義者達の上にも雨のように降りて来る汝、主よ、大地と山々と何であれ汝の力によって生きている全てのものを、岡も平地も固めた汝、嵐の群に命じた汝、汝を信じなかった者らを下界の牢獄の深みの中に引き渡した汝、主よ。主なるわが神よ、汝は後の時代に我らの方へ汝の一人息子を、神の一人息子として生まれた方を、主イエス・キリストを送った。処女の母胎の寝室に聖なる荘厳が閉じ込めた方を。この事を人の誰も理解し得なかった。その方は足で湖の水面を歩いたが、足を水中に付けなかった。しかし彼の足跡は、極めて硬い路上におけるが如く、湖上に現れた。風と湖に命令する汝に全てのものも服従する。五つのパンから五千人を満腹させた汝よ。この度も主よ、わが言葉を聞き取って、急いで我を取り巻く苦痛より我を奪い取り給え。わが魂は汝と生命ある神を信頼するが故に。栄光は永遠に汝に似つかわしい。アーメン」。

9 祈りが終わると、彼は車輪の方に連れて行かれ、器械に縛り付けられた。そして十個の部分に破砕された。そして彼は霊を放った。皇帝ダキアヌスは立ち上がって、大声で王らに言った。「汝らは全員アポロ、ヘルメス、ディアナ、アテナ、スカマンドルス、ヘラクレス、ネプトゥヌス以外に他の神がいないのを見ている。彼らは天に三本の葡萄の木を保持しており、彼らを通して支配者達は支配し、王国は権力を得るのである。ゲオルギウスの神、ユダヤ人らが殺し、十字架に掛けたイエス・キリストはどこにいるのか。彼をわが手から解放しに、なぜ来なかったのか」。そこでダキアヌスは聖ゲオルギウスの骨を穴の中へ投げ入れよと命じて、自らの心中でつぶやいた。「キリスト教徒らの誰かが彼の四肢を一部盗んで、彼の殉教を騒ぎ立てないであろうか。彼らは彼を信じ、そして彼の血が我らの頭上にかかるかもしれない」。その日は土曜日であった。昼食を取るために皇帝と七十二人の王が宮殿にいた時、突然雲が穴の周りを被い、大きな雷鳴が生じた。天の水門が開かれたかのように。そして大地は激しく震え、山々は低くなった。大天使ミカエルはケルビムの虹の上でラッパを鳴らした。すると主が雲の上にやって来て、その穴の上に立ち、聖ゲオルギウスの骨を一か所に集めた。聖者がそれまで生きている時にこう言っていたからである。「彼らが信じて、我が主を有していることを彼らが知るために、我がこの器械から解放されると汝は思うか」。その時、主は彼の所に現れて言った。「ゲオルギウスよ、見よ、最初の人間アダムを作った手自らがまた今から汝を作り直すであろう」。そして主は彼に息を吹き込み、彼に生命の霊を再び満たした。すると彼は霊で強化された。彼を訪ねてから、主は天へと上がり、聖ゲオルギウスは死者達の中から立たせられた。そしてたちどころに歩き始めた。聖ゲオルギウスは、皇帝が自らの宮殿において民衆を裁くのを見て、走って彼の所へ入って行って言った。「皇帝とは何者か。見よ、我は汝に殺されたゲオルギウスである」。その時、皇帝は彼の方をじっと見て言った。「見よ、ゲオルギウスの幻影である」。他の者らは言った。「いや、しかし彼に似ている」。神の僕は叫んで言った。「我は汝に殺されたゲオルギウスである。汝が信じなかったわが神の名を何故に汝は呼んだのか」。軍隊長であったアナトリウスは、神の僕が地獄から復活したのを見て、直ちに自らの全軍と共に、十字架に掛けられたキリストを信じ、大声で叫んで言った。「ゲオルギウス、キリストの僕よ、我らも汝を死から立たせた、十字架に掛けられたキリストを信じる」。しかし皇帝はこれを聞いて、彼らを町の外へ追い出し、外の寂しい所へ連れて行けと命じた。そして彼らを十五組に分けることにした。キリストの印しがなされると、彼らを剣で罰せよと命じた。彼らの殉教は良き告白によって二月の土曜日の第九時に果たされた。

10 再び皇帝は神の聖者ゲオルギウスを自らの面前に連れて来いと命じた。そして銅製の寝台を運んで来るよう指図し、その上で福者ゲオルギウスを引き伸ばせと指示した。再び彼は鉛と鉄を持って来いと命じ、それを溶かすよう指図した。それを彼の口の中へ注ぎ入れるために、ゲオルギウスの敬うべき口を開けよと命じた。しかしそれは冷たい水のようになって、彼を害しなかった。再び彼を寝台から解き放し、六十本の灼熱した釘を彼の頭の中へ打ち込めと命じた。そして大きな、彫刻された石を彼の頭上に置いて、溶けた鉛を石の上に注げと指示した。そうしたまま、彼の手足がちぎれるよう、彼を回転させよと命じた。しかし神の命令によって釘は抜き取られ、拷問具は分解され、鉛は流れる水のようになった。そしていかなる汚れも彼の体には見出されなかった。皇帝ダキアヌスはこれを見て立腹し、再び頭を逆にして彼を吊るし、彼の首に大きな石を吊り下げて激しい煙で彼を燻せと命じたが、何も彼を害しなかった。皇帝ダキアヌスは彼を下に降ろして、銅製の牛を運んで来いと指図した。そしてその中に複数の釘と鉄の鉤を固定した。その牛の中へ神の聖者を押し込めて、器械によって銅製の牛を回転させよと指示した。彼の手足が砕けて、風が地面から払い飛ばす砂塵の如くになるようにと。しかし聖ゲオルギウスはその中で彼を強化してくれた神に感謝した。再び皇帝はそこから聖ゲオルギウスを追い出し、彼を牢獄に放り込んで、いかにして彼を滅ぼすかを考え付くまで、革紐で彼を縛っておけと指図した。いかなる拷問具も彼に対しては効かなかったからである。すると主が獄中の彼の所にその夜、現れて言った。「ゲオルギウスよ、勇気をもって強くあれ。汝の傍らに置かれた一切の拷問具を恐れるな。汝は、一度死んだのに我が汝を復活させたことを知っているではないか。二度目として汝は死ぬが、我は汝を復活させよう。ゲオルギウスよ、真実と良き告白をもって強くあれ」。彼を訪ねた後、主は天へと自らの天使達と共に上がった。その夜、聖ゲオルギウスは神に感謝し続けて、眠りに支配されることはなく、主が彼の所に現れたが故に、喜んでいた。

11　日が明るくなると、皇帝ダキアヌスは聖ゲオルギウスを自らの玉座の前に連れて来いと命じた。マグネンティウス王は彼を見て、彼に言った。「ゲオルギウスよ、我は汝に一つ頼み事がある。もし汝が我にそれを叶えてくれたならば、主なる太陽神と七十八の神々と神々の母、世界の救済者たるディアナにかけて、汝の神を我が信じることを誓う」。聖ゲオルギウスは彼に答えた。「汝の望む事を頼むがよい」。マグネンティウスは答えて言った。「見よ、我らの所には椅子が十四あって、一つずつのために木材は実のなる樹木から作られている。今もし汝の祈りによってこれらの実のなる木材が分解されて、根付き、実を付けて、樹木のようになるならば、汝がこれを行ったならば、我は汝の神を信じる」。聖ゲオルギウスは言った。「汝のためではなく、まさにキリストを信じようとしている、この傍らに立っている人々のために、我はそれを行おう」。そこで地面にひざまずいて、聖ゲオルギウスはその時間中、祈った。するると突然、昼が暗くなった。祈りを終えた時、彼はアーメンと唱えた。そのようにするとキリストの復活の日にそうであったように、大きな音がして、聖霊がやって来た。そして十四の椅子は分解されて、乾いていた木材が根付き、自らの種類に応じて実を付けた。マグネンティウス王はこれを見て言った。「アポロ神とヘラクレスと全ての神々は偉大である。乾いた木材の中において彼らの力が極めて強かったが故に。ガリラヤ人、ゲオルギウスの滅ぼし方を我は知っている」。そこで聖ゲオルギウスを二つの器械の間にはさんで、強く縛り、彼の頭に鋸を当てよと命じた。彼らは彼を二つの部分に切り離した。こうして聖ゲオルギウスは霊を返した。そこで皇帝は銅製の釜を持って来いと命じ、その中に瀝青と鉛と土瀝青を入れた。そして聖なる遺体をその中に入れよと指図し、彼の手足を中で焼却してしまうために、火を下につけた。従者らは急いで、命令された通りに行った。そこで釜は沸騰し、十五腕尺もしぶきを上げた。そして彼の肉が溶け、彼の骨は蠟のようになったと皇帝に告げられた。そこで皇帝はその釜と一緒に彼を隠せと命じて言った。「誰かキリスト教徒が彼の骨の一部を盗んで、彼の殉教を騒ぎ立ててはならない」。釜が置かれている所に彼らがやって来ると、突然、大きな地震が生じ、太陽は雲に被われた。そしてその昼間に大きな闇が生じた。そこで主は自らの天使達と共に釜の上に降りて来て、大天使ミカエルに言った。「アーメン、我は汝に告げる。釜を大地の上に投げ倒し、一切の粉末と沸騰によって外にこぼれた滴を集めよ」。大天使ミカエルは主の指図通りに行った。するとその所で大きな、とても明るい光が生じ、誰もそれに耐え得ないほどであった。近くに立っている全ての者は恐怖の余りうつ伏せに倒れた。そこで主は自らの聖者ゲオルギウスに大声で叫んで言った。「ゲオルギウスよ、我はラザロを死者の中から復活させた主である」。すると直ちに彼は釜の中から出て、自らの足で立った。その時、聖者は五日間死んでいたかのような様子で再び立ち上がった。周りに立っている全ての者は神の慈悲に驚いた。そして主は言った。「強くあれ、ゲオルギウスよ。天と地における大なる喜びが、神の天使達の面前にいる汝の受難の中にあるが故に。汝は敵の全ての業に打ち勝ち、敵からの全ての苦痛を打ち砕いたが故に。四度目には我は汝の所に来て、汝をわが天国へ導き入れよう。そこで汝はわが相続人たるアブラハム、イサク、ヤコブと共にいることになるであろう。ゲオルギウスよ、強くあれ。弱音を吐くな。我は汝が受ける一切の受難の間、汝と共にいるが故に」。彼を訪ねた後、主は自らの天使達と共に天へと上がって行った。聖ゲオルギウスは立ち上がって、生者として町中を歩き始めた。

12 そこで皇帝に報告がなされた。「五体が銅釜の中で火によって燃えたゲオルギウスが復活し、生きて町中を歩いており、キリスト教徒らに説教している」。皇帝はこれを聞いて、彼をつかまえ、自らの面前に連れて来いと命じた。聖ゲオルギウスは謁見室に連れられて来て、皇帝に言った。「汝は汝の神アポロと共に、しかし我はわが主イエス・キリストと共にいる」。生者が宮殿の中にいた時、ある女がやって来て、彼の足元にひれ伏して言った。「主ゲオルギウスよ、キリストの僕よ。見よ、わが息子は牛らを仕事のために繋いで、耕しにかかった。すると一頭の牛が倒れて死んでしまった。そこで主よ、わが不信心を汝が治すよう我は願う。わが家には何の財産もないが故に」。聖ゲオルギウスは彼女に言った。「女よ、わが杖を持って行け。これを牛の上に置いて、牛に言え。〈これを神の僕ゲオルギウスが言う。我らの主イエス・キリストの名において起き上がり、汝の足で立て〉と」。女は聖者の指図を聞いて、聖ゲオルギウスの命令を実行した。すると直ちに牛は立ち上がり、歩き始めた。女は主を称賛して言った。「偉大な預言者が民衆の中に立った。主は好都合にも自らの民を訪ねた」。

13 その後、トランクゥイリヌス王が立ち上がって、福者ゲオルギウスに言った。「汝が祈りによって乾いた木材を実のなる樹木にしたことについては、汝の神がそのような力を及ぼしたのか、それとも我らの神々が汝を助けたのか、我には分からない。そこで今度は我に願いを一つ叶えてくれるよう依頼する。即ち鉛でできていて、鉄帯で縛られた棺桶があるが、人は誰もそこに葬られた人々の入棺を知らない。そこでもし汝が祈りによって死者らの中から彼らを、そこの墓の中にある骨を復活させたならば、我らは主なる汝の神を信じる」。神の僕は言った。「それを我が行っても、汝らが信じないのを我は知っている。しかし今まさにキリストを信じようとしている、この傍らに立っている人々のために我は汝の依頼を実行しよう。そこで今度は、汝ら全ての王が一か所に集まるよう我は依頼する。汝らの居合わせる前で棺は開かれるべきである。もし汝らがその中で何らかの骨か粉末を見つけたならば、我の所へ持って来い。我は、自らの弟子達にこう言った主を信じている。〈もし汝らが芥子粒ほどの信仰を持っているならば、この山に動けと言えば、山は歩く〉と。わが神に不可能な事はなく、全てが可能である」。そこで皇帝は神の僕の指図に従った。彼らは墓所へ行ったが、僅かの粉末以外には何も見つけなかった。そしてそれを集めて、福者ゲオルギウスの所へ持って来た。そこで福者ゲオルギウスはひざまずいて、誰にも聞こえぬように約二時間、祈った。すると大きな闇が生じ、その後大きな地震が起きて、天の下にある全ての被造物は激しく震えた。そして大きな光が輝き、稲光が死者らの粉末の上に生じた。祈りを終えると神の僕は言った。「我らの主イエス・キリストの名において汝らは起き上がり、自らの足で立て」。すると五人の男と九人の女と三人の幼児が立ち上がった。皇帝はこれを見て、死者らの中から復活した一人の男に呼びかけて言った。「汝の名は何と言うのか」。彼は答えた。「わが名はヨウィスである」。皇帝は尋ねた。「汝は死んで何年経つのか」。その男は答えた。「非常に多年、四百六十年である」。皇帝は彼に言った。「汝らが生きていた時代に汝らはキリストを尊崇していたのか」。男は彼に答えた。「その当時キリストの名は呼ばれなかった」。皇帝は彼に尋ねた。「では汝らがいた時代にいかなる神を汝らは尊崇していたのか」。男は彼に答えた。「皇帝よ、我を促すな。その名を挙げるのを我は恥じる。なぜなら我は、魂らの滅却者であり、耳が聞こえず、目が見えず、魂がなく、人の手の業によって作られたアポロが神であると信じていたからである。それ故に我には狭くて暗い場所が与えられた。我の上には火の川が流れていた。そしてそこには不死の虫と消し難い炭があった。皇帝よ、あるいは次のように書かれているのを汝は聞かなかったか。〈主よ、あの偉大で恐ろしい日を、神の偉大な裁判をわがために有名にせよ。そこには沸き立つ火の川があり、我らの主イエス・キリストの面前には大きな戦慄がある。そして一切の行動が彼らの眼前にある〉と。大天使ミカエルが大声で叫んで言う。〈汝らの行動に気を付けよ。罪の報いを受けよ〉と。皇帝よ聞け。地上で生まれた人は皆、主イエス・キリストが我らの救済者であることを認めた事実を我は汝に説明する。もし人が多くの罪を持っていて、この世から去り、極めて不快な所に来たとしても、しかし主の日には彼が認めた主イエス・キリストの方をじっと見つめ、主が自らの天使達と共に歩くのを見るために、慈悲を受けるであろう。我は主の日に慈悲を受けなかった。キリストを認めなかったが故に。耳が聞こえず、目が見えず、魂のない偶像に、人の手の作に仕えていた我の前に何が与えられ得たのか」。皇帝は彼に言った。「男よ、汝はほぼ四百六十年間、気が狂っている」。そこで死者らの中から復活させられた男は聖ゲオルギウスをじっと見つめて言った。「ゲオルギウス、神の僕、真理の明かり、極めて明るい星よ、我は汝に、我や我と共にいる全ての者に慈悲を与えてくれるよう、我らにキリストの印しを授けてくれるよう、そして我らが再びあの暗い所へ戻って行くことを許さないようにお願いする」。そこで聖ゲオルギウスはその男の信心を見て、右足で打って地面に穴を開けた。すると新鮮な水が湧き出た。そして彼らを父と子と聖霊の名において洗礼し、安らかに彼らを送って言った。「汝らは安らかに行け」。主の命令が彼らの間で果たされると、直ちに彼らは見えなくなった。

14 その後、皇帝は二時間ずっとうつむいていた。それから王らに言った。「我らの面前で悪魔らに呼びかけ、自ら死人らを立たせると言うが故に、この男は魔術師であり、邪悪であり続けると我は汝らに言わなかったか。我はこのガリラヤ出身の男を滅ぼす」。そこで皇帝は従者らに言った。「日々のパンを家の中に持たぬ貧しい寡婦を探し出して、彼が滅びるよう、そこに彼を閉じ込めよ」。そこで彼らは、その当時どの女もそれ以上貧しくはなかったほど困窮していた女を探し出して、そこへ彼を閉じ込めた。そこで神の聖者ゲオルギウスはその寡婦の家の中へ入って行って、彼女に言った。「女よ、我が食べるために、パンを少し与えよ」。女は彼に答えた。「主よ、神の僕よ、わが家にはパンがない」。そこで聖ゲオルギウスは彼女に言った。「女よ、汝はいかなる神を崇拝しているのか」。彼に女は答えた。「偉大なる神アポロとヘラクレスを我は崇拝している」。聖ゲオルギウスは彼女に答えた。「汝の家にパンがないのも当然である」。女は聖ゲオルギウスの方をじっと見つめて、心中でつぶやいた。「この人の顔は神の天使のように見える。我はわが隣人の所へ行こう。恐らく彼女はこの来訪者のために我にパンを一つくれるであろう。そして我は彼の面前で恩寵をみつけ、彼が食べるよう、彼にあてがおう。そして明日、我は死ぬであろう」。女が家の外へパンを求めに出て行ってしまうと、ゲオルギウスは彼女の家を支えている柱にもたれて座った。すると直ちに支柱は根付いて、枝を伸ばし、彼女の家を被って十五腕尺の高さに成長し、実を付けた。そして、見よ、主の天使がパンを持って来て、聖ゲオルギウスは食べ、強くなった。女は家に戻って来て、起きた奇跡を、乾いた支柱が家の屋根の上で花盛りであるのと、食卓に一切の良き物が満載されているのを目にした。そこでひざまずき、聖ゲオルギウスに祈願して言った。「我らを救うために自ら人に変身し、天から地に降りて、寡婦の家に入って来た主イエス・キリストを我は祝福する」。そこで聖ゲオルギウスは女の手を取り、それを掲げて言った。「我はキリスト教徒達の神ではなくて、神の僕である」。女は答えた。「主よ、我は汝に懇願する。もし我が汝の眼前で恩寵を見出したのであれば、汝の聖なる口から言葉を汝の端女に発しませ」。聖ゲオルギウスは彼女に答えた。「女よ、汝の望む事を言え」。彼女は彼に言った。「わが主よ、見ませ、我に息子が生まれて三月経つ。しかし彼は目が見えず、耳が聞こえず、足が麻痺している。わが隣人らが彼を見ると、我は恥じ入る。しかし我は汝の祈りによってわが息子が救われるであろうことを信じており、そして汝の神を信じている」。聖ゲオルギウスは女の信仰を見て、彼女に言った。「彼を我の方へ連れて来い」。彼女は彼を連れて来た。「彼はその子を抱き取って、自らの膝の上に置き、彼に手を当てて主に祈った。そして祈りを終えると、彼の両目に息を吹き込んだ。するとすぐにその子の両目から鱗のような物が落ちた。続いて彼の両目は開き、彼は見え始めた。再び女は神の僕に言った。「主よ、彼の耳が聞こえ、足が歩けるようにしませ」。聖ゲオルギウスは答えた。「女よ、汝にはこれで十分である。我は偉大なる日までこうであることを欲するが故に。その時には我は彼に呼びかけており、彼は主の声を聞くであろう。そこで彼は我の方に歩いて来て、我に言葉を発するであろう」。女はそれ以上語らなかった。彼女は恐れた。聖者の顔が天使の顔のように見えたからである。その日は土曜日であった。

15　皇帝は立ち上がって、宮殿の中を歩き始めた。そして外を眺め渡して、寡婦の家の屋根上で木が花盛りであるのを見て、従者らに言った。「我は何を目にしておるのか。見よ、大きくて不思議な印しを、季節はずれに寡婦の家の屋根上で木が花盛りであるのを。そこに彼がしばし留まることが神々の誰かの気に入らなかったのか、汝らは調べて見よ」。彼に従者らは言った。「主よ、汝が我らに指図した通り、神の僕ゲオルギウスはそこの貧しい女の所に閉じ込められている」。そこで皇帝は彼を女の家から追い出して、宮殿に彼を来させるよう命じた。そして彼を引き伸ばして、複数の棒で梳《す》けと指図した。そして真っ赤に焼けた鉄兜を彼の頭に被せ、鉄の爪で彼の体を掻《か》けと指示した。従者らは彼に手こずって疲れ果てた。いかなる拷問においても彼らは彼に適わなかった。再び皇帝は複数の蠟燭を彼の両脇腹の下に並べて置けと命じて、彼を苦しめた。彼の体は蠟のように燃え、大声で主に叫んで、霊を放った。そこで皇帝は聖ゲオルギウスの体を運んで行って、高山の頂に置けと命じた。彼曰く。「空の鳥らが降りて来て、彼を貪り食い、彼の骨を地上にばら撒くよう。誰かキリスト教徒の男か女が彼の骨の一部を取り上げて、亜麻布に隠し、自らのために薬の代わりとして保存し、そして彼の殉教を騒ぎ立てないがために」。彼はアシナリスと呼ばれる高山の頂に置かれた。それから彼を運んだ従者らと兵士らは引き返した。彼らが約三十スタディウム降りて来た時、突然、大きな雷名が轟いた。山々の土台がかき乱された程であった。すると主がやって来て、自らの天使達と共に雲の上に降りて、その場所を照らし出し、福者ゲオルギウスに呼びかけて言った。「ゲオルギウス、わが僕よ、眠りから立ち上がれ」。するとその時、彼は起き上がって、自らの足で立った。主は彼を訪ねた後、自らの天使達と共に天へと上がって行った。聖ゲオルギウスは急いで山から降りて、兵士らの後ろから叫んだ。振り返った兵士らは、彼をあたかも降臨する天使のように解し、恐怖の余りひれ伏して、彼を崇拝し、彼の足に接吻して、泣き叫んで言った。「ゲオルギウス、生命ある神の僕よ、我らにキリストの印しを与え給え」。聖ゲオルギウスは右足で打って地面に穴を開けた。すると新鮮な泉が湧き出て、彼は父と子と聖霊の名で彼らを洗礼した。彼らは一緒に町に入って行った。洗礼された最初の兵士らの名はグリュコ、グリュコデス、ラニサリウス、マシアリウスであった。そして彼らと共にその他もっと多くの者達もいた。彼らは皇帝の所に入って、叫んで言った。「見よ、汝は汝の神アポロと共に、しかし我らは我らの主イエス・キリストと共にいる」。そこで皇帝は神の聖者ゲオルギウスの方をじっと見て、不安になり、ライオンのようにうなった。そしてグリュコとグリュコデスの脚を吊るし、マシアリウスと他の者達を剣で殺せと命じた。再びグリュコとグリュコデスを降ろして、猛獣らに委ねよと命じた。すると猛獣らは彼らに害を加えず、彼らの足の裏に接吻して、自らのいた所へ戻った。そこで彼らは半円形劇場から放り出された。皇帝は彼らを剣で罰せよと三月十日に指図した。彼らは喜びをもって天国に入って行った。

16 そこで皇帝、神の聖者ゲオルギウスに曰く。「太陽神と七十八の神々と彼らの母ディアナにかけて、ゲオルギウスよ、我と和解し、わが息子となれ。汝が父の言う事を聞くように、わが言う事を聞け。そして転向せよ。全地を保持するアポロに供犠せよ。そうすれば汝は恐るべき拷問を受けずに済むであろう」。聖ゲオルギウスは皇帝に言った。「汝のこのように温良な言葉はどこに隠されていたのか。見よ、我はかくも長く汝の手中にあるが、汝からこのような事を聞いたことがない。汝はかなり残酷な拷問に我を委ねた。三度我は汝の手の中で死に、三度我を主イエス・キリストが復活させた。我は決してこのように温厚で善良な言葉を聞かなかった。皇帝よ、キリスト教徒の民が不死であり、嫌悪すべき悪魔の一切の業に対して反抗し、一切の拷問に耐えるのを汝は知らないのか。今汝は我に、アポロに供犠するようにと説得している。我は汝の意志を果たそう」。そこで皇帝は大いに喜んで彼の頭に接吻し始めた。しかし聖ゲオルギウスは自らの頭に接吻することを許さず、彼に言った。「皇帝よ、ガリラヤ人達はこうではない。まず我が神々に供犠する。それから汝は我の頭に接吻するが良い」。再び聖ゲオルギウスは言った。「日はもう僅かとなり、太陽は傾いた。我は今日は汝の神々に供犠し得ない。それ故、汝の神々に供犠するまで、牢獄に留められ、両脚を革紐で縛られることを我に許せ」。皇帝は言った。「ゲオルギウスよ、もはや汝が見張られ、拷問に掛けられることはないであろう。我が汝に加えた傷を思い出すな。汝が父の言う事を聞き入れるように、わが言う事を聞き入れよ。今度は宮殿の中にいるわが王妃アレクサンドリアの所へ行って、そこで彼女と共に休め」。

17 聖ゲオルギウスは宮殿の王妃の所へ向かった。宮殿の華麗な扉は閉められた。夜の時刻であった。そこで神の僕ゲオルギウスはひざまずいて、祈って言った。「いかなる神が我らの神のように偉大であるのか。汝は唯一奇跡を行う神である」。再び彼は言った。「何故に異教徒らは騒ぎ、人々は無益な事を思念したのか。地の王らは立った。そして支配者らは主に逆らい、主のキリストに逆らって一か所に集まった」。その後、祈りを終えると彼は言った。「アーメン」。そこで聖ゲオルギウスは語った。「王妃アレクサンドリアよ、いかに汝は我に心を向けているのか、我は汝に問う」。王妃は答えた。「わが主よ、騒いだ異教徒らとは誰のことか。また無益な事を思念した人々とは誰か。誰が地の王として立ったのか。またキリストとは何者か、我に教えませ。汝の言葉を聞くことは我には喜びであるが故に」。聖ゲオルギウスは口を開いて、彼女に言った。「聞け、王妃アレクサンドリアよ。神自らが自分の英知により、大地の泥を取って、人を自らに似せて作ったのだ」。王妃は言った。「主よ、大地からいかにして肉が作られたのか。またいかにして肉の皮を、またいかにして血管を、またいかにして胸を、またいかにして頭を、またいかにして目を、またいかにして舌を、またいかにして顔を、またいかにして手を、またいかにして足を、またいかにして体に付いている他の部分を作ったのか」。聖ゲオルギウスは彼女に言った。「アレクサンドリアよ、汝自身は全くの土くれではないのか。神は自らの英知によってアダムとエヴァを形作ったのであり、そして種々の業により製作者としてそれらを作るのだ。またいかにして人が作られたのか、汝は我に言えるか。しかしいつか汝には分かるであろう。また神が自らの英知によって形作った人の罪はいかにして消し去られるのか。神は人を自らに似せて作ったのだ。人のために天をアーチ形に作り、太陽が現れた。天に月と星々も。人のために神はそれらに輝きを与えた。そして世界の全ての飾りが作られた。アレクサンドリア王妃よ、主イエス・キリスト、神の子息自らが人になったということを聞き入れよ」。王妃は彼に答えた。「ゲオルギウス、神の僕よ、汝の言葉を聞いて、我は喜ぶ。故に、ゲオルギウス、キリストの僕よ、神なるキリスト自らがいかに苦しんだのか我に語りませ。またいかにして地上に現れたのか」。聖ゲオルギウスは彼女に答えた。「王妃よ、聞け。汝の皇帝と彼の王らがしているように、敵対する全ての人々は悪魔らに供犠し、偶像らに仕えていたのだ」。王妃は言い返した。「では我らの神々は悪魔なのか」。聖ゲオルギウスは彼女に答えた。「王妃アレクサンドリアよ、預言者ダビデの言う事を聞け。〈ケルビムの上に座っている汝よ、現れ給え。汝の力を奮い立たせ給え。我らを無事にしに来給え〉と。聖なる霊によって彼は預言した。再びダビデは言う。〈神は雨のように羊毛皮の上に降りて来る〉と。手付かずの羊毛皮が福者マリアである。王妃よ、預言者アバククの言う事を聞け。〈主よ、我は汝の説教を聞いて恐れた。汝の業をよく考えて仰天した〉と」。王妃は言った。「預言者は何を聞いて恐れたのか。また何をよく考えて仰天したのか」。神の聖者は王妃に言った。「預言者は言った。〈彼が来たのを我は聞いた。主イエス・キリストが来て我は恐れた。神がキリストを人々のために変えたことを我はよく考えた。そして我は神の業を見た時に仰天した〉と」。王妃は彼に言った。「汝の語る事は全て真実である。主ゲオルギウスよ、汝の言う事を聞いて我は喜ぶ。わがために、偶像らの業が我から離れるよう、汝の主に祈りませ」。彼女に聖ゲオルギウスは言った。「十字架に掛けられた主を信じよ。そうすれば嫌悪すべき悪魔の業が汝の心中で支配することはないであろう」。彼に王妃は答えた。「我は十字架に掛けられた主イエス・キリスト、この世の救済者を信じる」。そして彼女は福者ゲオルギウスに言った。「我は皇帝を恐れる。彼は敵意を持っていて、人殺しであるが故に」。聖ゲオルギウスは彼女に答えた。「王妃アレクサンドリアよ、我は汝の心が我に向けられていることを願う。主の門を我がつかむまでは、我らの会話を内密にしておけ。しばし我を一人にせよ」。そして彼は幻想を始め、それ以上、彼女に語らなかった。敬うべきゲオルギウスはひざまずいて、夜明けまで祈りを行った。そして眠りは彼を支配しなかった。

18 日が明るくなると、皇帝は聖ゲオルギウスにアポロの神殿に入れと命じた。聖ゲオルギウスは皇帝に言った。「皇帝よ、わが言う事を聞け。全ての王を宮殿に集めよ。我と神々の祭司らと兵士の全部隊は、我がアポロに供犠するのを全員が見るために、一か所に集まろうではないか」。そこで皇帝は伝令使が出るよう指図した。伝令使は民衆の間で、深く悲しんだ声で不断に叫んで言った。「全ての民衆はアポロの神殿へ急げ。キリストの僕ゲオルギウスが偉大な神アポロに供犠しに入るが故に」。しかし自らの息子が盲目であって、聖ゲオルギウスの祈りによって彼の目を開いてもらった女はその時、自らの頭髪をかき乱し、自らの衣服全部を引き裂き、息子を抱いてやって来た。そして民衆をかき分けて入って行き、大声で叫んで言った。「ああゲオルギウスよ、汝は死者達を立たせ、目の見えぬ者達を見えるようにし、足の不自由な者達を歩かせ、乾いた木材を緑の樹木に変え、わが家の乾いた支柱に根と花を生じさせ、わが食卓を一切の良き物で満たし、嫌悪すべき悪魔に逆らって多くの事を行った。今度はアポロに供犠しに入るのであろうか。汝は十字架に掛けられた我らの救世主イエス・キリストの名を信じることを熱望していた全ての民衆を離反させる。主はこのような事がなされるのを許されるな。ああ汝、悪魔よ、汝の業よ」。聖ゲオルギウスは女の声を聞いて驚いた。そして沈黙した後、彼女を自分の方へ呼び寄せて、言った。「女よ、汝の子を地面に置け」。聖ゲオルギウスは自分の方へその子を呼び向けて、彼に言った。「暗黒の隠れ場を照らし出し、十字架に掛けられた主イエス・キリストの名において主自らが汝に命じる。起き上がって、自らの足で立て。汝の舌と耳は開かれよ。来て、我に言葉を示せ」。そこで子は立ち上がって、神の僕の方へ行き、身をかがめて、彼の両脚に接吻した。聖ゲオルギウスは彼の手を取って、立たせて彼に言った。「男児よ、我は汝に言う。異教徒らの神殿に入って、アポロに〈急いで出て来い。汝を神の僕ゲオルギウスが呼んでいる〉と言え」。男児はアポロの神殿へ入って、彼に言った。「我は汝に告げる。耳が聞こえず、目が見えず、口が利けず、魂のない、足なしの、手なしの偶像よ。汝は汝を信じる魂らの滅却者である。神の僕ゲオルギウスが汝を呼んでいる」。すると偶像は神殿から出て来て、叫んで言った。「おおナザレ人、イエスよ。汝は全ての者を自らの方へ引き寄せ、汝の王国を彼らに知らせた。そして我に逆らい、二歳にもならぬこの子を立たせた。何故に汝は彼をわが方へ向かわせ、何故に彼はこのような熱狂をもってわが方に入って来たのか」。偶像はやって来て、神の僕の前に立った。彼に聖ゲオルギウスは言った。「汝は異教徒らの神か」。偶像は答えた。「ゲオルギウスよ、汝は我が誰だか知らないのか」。彼にゲオルギウスは言った。「我は汝を知らない」。彼に偶像は言い返した。「ゲオルギウスよ、我に一時の間、寛大であれ。そうすれば我は汝に全てを語ろう」。聖ゲオルギウスは彼に言った。「汝の望んでいた事を何でも言え」。偶像は答えた。「神は天をアーチ形に作り、大地を固定し、楽園をエデンの東方に作った時に、〈我らは人を我らに似せて作ろう〉と言った。そして楽園に降りて来て、大地の泥を手に取って人を形作り、我ら天使に言った。〈汝らはわが手業を崇拝しに来い〉と。すると大天使ミカエルは神の手業を崇拝した。しかし我は主なる神に反駁した。〈我はケルビムの羽陰で被われていたのに、今は我より下の者を崇拝せよとは何事か。我はそれをしない〉と。すると主は我に立腹して、我からわが栄光を剥奪し、我を雨のように地上へ投げ落とした。そうして我は全ての被造物の中で最小のものになってしまった。今我はまさに倒れんとしている彫像の上に留まっている。もし我が誰かを誘惑できたならば、その者はわが儲けである。聞け、ゲオルギウスよ。再び我は第三の天にまで上がって、主の指図を見聞きする。我は人という種族のせいで天の王国から投げ落とされたために、人々に近づく。我はいつも彼らに対して憎悪を抱いており、近づいて、彼らを暑さと寒さで縛り、可能な限りの策略を彼らに投げつけてやる。再び我は神の家へ行き、教会なる王宮の上に立つ。もしかして主の使いが誰かを破門しないかと。そして我は彼を受け入れるために、わが手を彼に差し出す。もし司祭が彼を和解させるのを遅らせたならば、我は彼の心中にわが苦悩を送り込む」。聖ゲオルギウスは彼に言った。「嘆かわしき汝よ、汝は自らに逆らって行動し、天の王国から投げ落とされた。いかにして汝はキリスト教徒達の魂を惑わすのか」。偶像は彼に答えた。「第七の天に座っており、十八の星と太陽の光と月の進行を保持する神にかけて、また地獄の難儀にかけて言うが、もし我に力があれば、我は汝を一瞬の内に滅ぼすであろうに」。聖ゲオルギウスは彼に言った。「神の敵よ、汝は我にも逆らう気か。我は汝を大地の下方へ送ろう。そこに汝は裁きの日までいるであろう。その時に汝は、自らが滅ぼした魂達について弁明するであろう」。聖ゲオルギウスは足を地面に打ち当てた。すると地面が口を開けた。彼はアポロに言った。「魂達の滅却者である汝は自らの父、悪魔のいる大地の下方へ下がれ」。

19　聖ゲオルギウスは神々の神殿の中へ入って行って、ヘラクレスの彫像や、そこにあった他の彫像らに息を吹き付けた。すると直ちにそれらは倒れ、風が地面から吹き払う砂塵のようになった。再び聖ゲオルギウスは言った。「異教徒らの全ての神々よ、わが前から立ち去れ。我は大きな怒りをもって汝らの所に入って来たが故に。汝らは自らの父なる悪魔のいる大地の下方へ下がれ」。そこで祭司らは自らの神々の破滅と、哀れむべき神アポロを彼が大地の下方へ突き落とす有様を目にした。そして民衆が「キリストの僕ゲオルギウスの神は偉大である。我らは、彼の神が我らを一切の苦難と窮乏から解放し得るであろうが故に、彼の神を信じる」と叫んで言った時、悪魔の祭司らは民衆の叫び声に激しく狼狽し、そして神の聖者を縛るよう指図した。そして聖ゲオルギウスを縛って、皇帝の所へ連れ戻し、彼に自分達の神々の破滅を、彼が大地の下方へアポロ神を突き落とした有様を述べた。そこで皇帝ダキアヌスは聖ゲオルギウスに言った。「誹謗された異教徒らよ、不正な種族よ。汝が喜びをもって神々に供犠し、乳香と薫香を捧げて神々を煙らすようにと我らは話し合ったではないか。なのに汝は魔術でもって我らの神々を破滅の中へ突き落としてしまった。汝は自らの血がわが手中にあることを知らないのか」。彼に聖ゲオルギウスは答えた。「不信心にして残酷な皇帝よ、アポロは我に語り、我は彼に供犠した。皇帝よ、もし汝が信じないのであれば、急いで行って、アポロを連れて来い。汝の面前で我は供犠しよう」。皇帝は彼に言い返した。「祭司らは余にこう述べた。汝が神々を大地の下方へ突き落としたと。そして汝は余を生きたままそこへ突き落としたがっていると」。聖ゲオルギウスは彼に言った。「破滅した邪悪な魂よ、汝が崇拝していると言う汝の神が自らを助け得なかったのに、いかにして彼が汝を助け得るのか。真に皇帝よ、汝の神々は裁きの日に、天を畳まんとする主イエス・キリストの到来日に何をするのか。大地も燃えるであろうに」。皇帝は立腹して、着ている自らの衣服を切り裂き、王妃のいる宮殿へ入って行って、彼女に言った。「わが心はキリスト教徒一族の出であるガリラヤ人ゲオルギウスから離反した」。彼に王妃は言った。「おお皇帝よ、わが言う事を聞きませ。神の残酷な敵にして、人殺しよ。我は既に汝に、キリスト教徒一族から離れよと言っておいた。彼らの神は力があり、自らの全業において偉大である。彼は汝の王国を滅ぼすであろうし、汝の玉座をも台なしにするであろう」。皇帝は立腹して、彼女に言った。「アレクサンドリアよ、悲しや。汝が彼の味方になるようにと、いかなる悪行が汝になされたのか。余はゲオルギウスの悪行が汝の心中で勝り、汝を滅ぼすのを目にしている」。そこで彼は王妃の手を狂乱に満ちてつかみ、彼女を自らの従者らに手渡した。それから彼女は自らの宮殿から連れ出された。彼は彼女を頭髪で吊り下げ、彼女の骨が現れるまで、裸体にして複数の棒で梳《す》くよう命じた。しかし彼女はただずっと目を天に向けているだけであって、彼女のいかなる声も彼は耳にしなかった。そこで彼女は聖ゲオルギウスに言った。「キリストの僕よ、わがために主なる汝の神に祈りませ。このような苦痛の中で我が大いにもだえているが故に」。聖ゲオルギウスは彼女に答えた。「王妃よ、辛抱強くあれ。十字架に掛けられた方を信じよ。今日神は自らの手によって汝に王冠を授けるであろう」。そこで皇帝は彼女を降ろし、乳房で彼女を吊るすよう指図した。再び皇帝は彼女を降ろし、彼女の乳房を箱の蓋から外へ締め出し、そうしておいて地面の上で箱を揺り動かして、彼女をその拷問具の中で果てさせるために、箱の中へ放り込めと命じた。再び彼は燃える複数の蠟燭を彼女の両脇腹の下に立てよと命じた。そして大きな苦痛が彼女を縛った。そこで王妃は福者ゲオルギウスに言った。「神の僕よ、真理の門が我に開かれ、わが信じる主、十字架に掛けられた神、我らの救世主の所へ入って行くために、我は洗礼されていないが故に、何をすればよいのであろうか」。そこで彼女に聖ゲオルギウスは言った。「王妃よ、心配するな。汝の出血する血そのものが汝にとって救済の洗礼であり、純粋な王冠であろう」。そこで皇帝は立腹して、彼女に判決文を作成した。そして皇帝の命令による殉教が生じた。彼女は自らの死に場所へ歩いて行って、死刑執行吏らに言った。「わが宮殿を見入るために、汝らは我をしばし待て」。彼女は自らの宮殿の方を眺めてから、目を天へ向けて言った。「イエス、ダビデの息子、極めて明るい光、天使の言葉、汝を信じる殉教者達の王冠たる主よ」。彼女は一切の幸福に満たされて言った。「汝、主なる救済者よ、わが家より我が汝の所へ上がった時には、わが魂を受け入れませ。主よ、見ませ、我は信じる聖なる汝の名の故に、一切の財産と良き宝物と共にわが宮殿を開いたまま見捨てることを、我がそれを閉じなかったことを、汝、主なるわが救済者よ、わがために天国の門を閉じますな。わがために門が開かれよ。主イエス・キリストよ」。祈りが終わると、日は明るくなり、彼女は刑場に達し、そこで自らの殉教をキリストとの交わりの内に果たした。四月十八日の土曜日の第三時であった。

20 その後、皇帝は聖ゲオルギウスに言った。「見よ、汝は王妃を滅ぼしてしまった。今汝は我らに対して何か思案しているのか」。皇帝にマグネンティウス王が言った。「主なる皇帝よ、我らの言う事を聞きませ。いかなる拷問具も彼には効き目がない故に、我らは彼に判決文を作成せん」。これを聞いて皇帝ダキアヌスは彼に判決文を作成して言った。「我らの神々に従わず、神々を崇拝しもしなかった、キリスト教徒一族のガリラヤ人ゲオルギウスを剣で殺すよう我らは指図する」。そこで皇帝は言った。「全ての息子らよ、わが言う事を聞け。余が彼の血については潔白であることを」。そこで彼は水を手に取って、両手を洗った。マグネンティウス王はその判決文に署名した。トランクィイリヌス王とエジプト王テウギムスも、そしてダキアヌスの許に集まっていた全ての王もその判決文に署名した。判決文を受け取って、神の聖者ゲオルギウスは神に約束していた自らの誓約を果たそうと急いだ。町の内外に通じている鉄門の所に来て、一方の足を外に、他方の足は中につけたまま彼は死刑執行吏らに言った。「我が祈る間しばし汝らは待て。あの七十二人の王らに我が裁かれることになって以来七年になるが、汝らは我に一時間、祈らせるよう願う」。そこで彼は天をじっと見て言った。「預言者エリアを通して火を送り、五十二人の男を滅ぼした主、全能の神よ、主よ、イエス・キリストよ、今や火が天より降って、皇帝ダキアヌスと彼の許に集まっている全ての王を滅ぼし給え」。その時、火が天から神の命令により聖ゲオルギウスの祈りに従って降り、七十二人の王をあの皇帝と共に、そして彼の許に一か所に集まっていた多数の異教徒を全滅させた。人数は五千人で、彼らの中から誰も残らなかった。聖ゲオルギウスは刑場に至って、死刑執行吏らに言った。「キリストを信じることになった、あるいはまさに信じんとしている彼らのために我が祈るまで汝らは待て。民衆の群が開かれた目でもって急いでわが衣服を自分用に、我らの救い主を認めるために、切り分けるのを我は目にする。わが体もわが衣服もこの民衆にとっては不十分かも知れない」。そこで聖ゲオルギウスは目を天に向けて言った。「偶像たる金銀の像らをひっくり返し、それらを砂塵のように打ち砕いた主なる全能の神よ、砂塵が風の面前から払い飛ばされるように、汝を信じる人々から悪魔が払い飛ばされよ。主よ、悪魔の分け前は野獣らと共に分けられてあれ。悪魔は裁きの日までキリスト教徒らの害になり得るな。悪魔は主なる神、我らの救い主を認めよ」。再び彼は祈りのために地面に身を投げ倒して言った。「天地と全ての被造物の、見えるものと見えぬものの主なる神よ、汝の僕らの上に眼差しを向け給え。わが受難を見ている全ての人々が汝の名を信じるようにという、わが心の願いを我に叶え給え。世界の救済者よ、主よ、わが体の遺物を誇りにしたがっている彼らの願いを彼らに叶え給え。汝、主よ、汝の聖なる名において恩寵を与え給え。幻視の中なれ、奇跡の中なれ、敬意をもって汝の僕ゲオルギウスを覚えている全ての人が最後の審判場に入って、わが名を覚えていた時に、大悦と歓喜に満たされて出て行くために、主イエス・キリストよ、正義の太陽、消し難き明かり、極めて明るい光、不滅の王冠よ、汝の名とわが体に恩寵を与え給え。もし誰かが窮乏と旱魃の時に汝の名を呼べば、雨が地上に降らんことを。主よ、彼らの願いが果たされて、汝の命令により雲が満たされ、大地が満足せんことを。主よ、周囲に立っていて、汝に我が約束した誓約を我が果たすまで、待っている汝の僕全員を覚えてい給え。主よ、彼らの魂に不都合のなからんことを。また彼らの体に嫌悪すべき悪魔が付ける傷が何も現れんことを。主よ、彼らの罪に慈悲を与え給え。主よ、汝は血肉が汝の手業であることを知っている。主よ、彼らを嫌悪すべき悪魔の力、あるいは虚偽から守り給え。主よ、悪魔を彼らの足下で砕き給え。主よ、彼らが汝の名を、イエス・キリストを、我らの主を信じるために、純粋の心を彼らに与え給え」。祈りが終わると、全員は「アーメン」と言った。すると、見よ、主は雲を通して彼に言った。「ゲオルギウス、わが僕よ、わが父の王国へ上がれ。そこには甘美な乳香と不滅の王冠があり、その王冠は永遠に変わらず、その王冠を守る集団は天使達の軍隊であり、その王冠の様子は畏敬すべく、不変に明るい。我にかけて、そしてわが力にかけて我は誓おう。もし誰かが汝の衣服から縁を切り取って、汝を信仰するための聖櫃《ひつ》を作れば、そしてわが名を覚えておれば、いかようであれ苦悩の中で我を呼べば、我は彼の願いを聞き届けよう。全ての人は、地上で生きていた限りは、血肉であることを我は知っている。最後の審判場であれ、苦悩の場であれ、誘惑の中であれ、雷鳴の中であれ、暗闇の中であれ、霧の中であれ、苦痛の中であれ、彼らが汝の名を覚えていて、わが父と我自らを呼ぶ時はその度に、悪魔の一切の業に逆らって我は彼らを全ての苦悩と窮乏から解放しよう」。そこで主は自らの僕ゲオルギウスに語るのを止めた。それから聖ゲオルギウスは死刑執行吏らに言った。「来て、汝らに指示された事を果たせ」。神の僕はひざまずいて平穏の内に斬首された。彼の体から水と乳液が流れ出た。この後、殉教がなし遂げられ、大地震と雷鳴と閃光と雨霧が生じた。大地は耐え得なかった。そこで、神の奇跡を見ようと期待して居合わせた人々も同様であった。聖ゲオルギウスの体の上で輝いた明かりを見て、彼らは永遠に祝福され続ける、神なる主父の名を賛美した。

21 我パセクラテス、わが主ゲオルギウスの下僕は、皇帝ダキアヌスと七十二人の王に彼が裁かれた七年の間、彼の一切の受難に居合わせていたが、彼が受けた事を年月日ごとに取り上げた。そして主ゲオルギウスと共に起きた全ての事を順番に記した。まさに生者と死者らを裁かんとする天地の主は、我が彼の受難に関して付け加えたり、省いたりしなかったことをご存知である。彼が受けた通りに我は記した。聖ゲオルギウスは自らの殉教を四月二十四日の第六曜日の第九時に、良き信仰の内に皇帝ダキアヌスの許で成し遂げた。聖ゲオルギウスを通してキリスト・イエス、我らの主を信じた全員の数はこの通りである。父と子と聖霊の名において栄冠を授けられた三万九千人と神により栄冠を授けられたアレクサンドリア王妃。彼女は栄誉と永生と称賛と高潔と勝利を永遠に有している。アーメン。

以上の通り読んで分かるように、この本来的な聖ゲオルギウス殉教伝は、決して一般民衆の間で自然発生的に生まれた、素朴な言い伝えなどではありません。これは背教者とされるユリアヌス帝（在位三六一〜三六三年）の治下か没後の不安定な宗教情勢の中でキリスト教カトリック派（正統派）の教義を広めて、信者を増やすために、さらには現信徒の棄教を断固阻止するために、ある聖職者が明確な意図をもって構想を練りぬき、伏線も張って執筆したプロパガンダ的な読み物でした。従ってそこにはギリシア神話から竜退治伝説を取り入れる余地も必要性もありませんでした。しかしながら後世の読者の中には、既に第三節に聖ゲオルギウスが迫害者の「皇帝ダキアヌス」を「年老いた竜よ」と罵倒する場面のあることに注目した人が現れて、竜退治伝説の追加によって話を面白くしようと考えたのではないでしょうか。シリア語訳『聖ゲオルギウス（シリア語ではゲワルギス）伝』の六世紀の写本でも「国王ダディアン」は「毒ヘビ」（その英語訳はthe asp-serpent Dadian the king）と称されています。その時には、人面ヘビを踏みつける聖ゲオルギウス像、つまりI型の竜退治像ももう登場していたので好都合でした（一〇九／一一四頁参照）。人面ヘビを踏みつける聖ゲオルギウス像自体が『聖ゲオルギウスの受難』第三節の場面に基づき、西ローマ皇帝の金貨［▼図115・118–121］を手本にして作り出されていたことは間違いないでしょう。『聖ゲオルギウスの受難』の原作者が関知しなかった竜退治伝説がその後は大いに俗受けして、世界中でもてはやされることになるのは後の歴史が教える通りです。

先に、最も詳細なXタイプの『聖ゲオルギウスの受難』が最古のラテン語訳だと説明しました。しかしこれはかなりの分量があるため、読むにも聞くにも相当の時間を要しました。そこでその簡易化が必要になった結果、Sタイプ、Yタイプ、Zタイプという次第に短くなる簡略版が生まれて、最も短いZタイプが西ヨーロッパでは一番広く普及していた訳《わけ》です。

『聖ゲオルギウスの受難』の簡易化には別の方法もありました。歌謡化と可視化です。

殉教伝の歌謡化

歌謡化とは『聖ゲオルギウス賛歌』と呼ばれるものです。以下に示すAはミラノのサン・ジョルジョ（聖ゲオルギウス）教会に残る六／七世紀のラテン語賛歌、Bはドイツのライヒェナウ修道院に残る十世紀のラテン語賛歌です。これらに対してCは同じくライヒェナウ修道院で九世紀末に作られたと考えられる古期ドイツ語の賛歌です。

A　ミラノのサン・ジョルジョ教会の『聖ゲオルギウス賛歌』

1 聖なる殉教者達の偉業を
思い出すは喜ばし。
また彼らの賛歌にて
神の栄光を歌うのも。

2 キリストの戦士ゲオルギウスは
カッパドキアより出で来ぬ。
現世の虚飾を投げ捨てしが故に
彼は天国を手に入れたり。

3 毀れやすき栄誉のために
運び来たりし財貨をば、
主への信仰に満たされて、
貧者らに施し与えたり。

4 その後、石像らに供犠すべく

支配者に強要されたり。
それらをキリストへの信仰から
地獄の深淵へと投げ込みぬ。

5 暴君は怒りに熱せられ
拷問を殉教者に課したり。
残酷なる鞭打ち、入獄を、
鋸挽き、はたまた釜茹でを。

6 彼は主により強められ
それらを恐るることはなく、
むしろ人らの心中に
神の果実を運び入れたり。

7 アレクサンドリア王妃を
殉教へと招き寄せたり。
彼女は現世の宝物を蔑みて
神の栄冠を手に入れぬ。

8 三年を二度と一年の間に
彼は現世の支配者に勝ち、
首を剣にて落とされて
天国へと移住して行きぬ。

B　ライヒェナウ修道院の『聖ゲオルギウス賛歌』

1 主のために賛歌を歌わん、
かつ主の全聖人のために。
2a 彼らより注がれたる血にて
これなる日をば
彼は聖別したり。
2b ゲオルギウス、キリストの
従者にして
戦闘士は。
3a 彼は残忍なる皇帝
ダキアヌスの下にて
殉教したり。
3b 馬形の拷問台にて
引き伸ばされ、鉤爪にて
四肢を一々引き裂かれ、
4a 両脇腹を松明《たいまつ》にて
焼き尽くされ、その後に
牢に入れられ、

そして斬首されぬ。
4b 彼は毒を飲みたるも、
魔術師をば転向させ、
そして殉教者として
天国へと送りたり。
5a 大胆不敵にも
鉛が沸騰する
釜の中へと
飛び込みて、
そして休息したり。
5b 銅製の車輪に
掛けられたるも、
無傷のまま
粉砕して
立ち去りたり。
6a 偶像らは
粉々にされぬ。
天よりの火が
偶像を焼き払いたり。

そして大地は
偶像崇拝者らを飲み込みぬ。
戦士が行いし
祈りの故に。

6b この後、斬首されて
神の所へと移住したり。
おお、聖歌隊に親しき、
殉教者達の闘士よ、
全ての人々と共に
キリスト教徒の
民衆のために祈りませ。

7 かつ天上の悔悟者達のために
我は神の所へと
祈りに行かん。

C　古期ドイツ語の『ゲオルクの歌』

1 大軍率いゲオルヨは　裁きの場所へ向かいたり、
国の端なる領地より　多数の兵を引き連れて

集いの土地へ赴きぬ、　重く、由々しき法廷へ。
かくの裁きは名立たりて、　いとも天主に好まれぬ。
彼は現世を打ち捨てて、　天なる国を手に入れぬ。
　自ら彼はかくなせり、　名高き伯のゲオルヨは。

2 その時、彼をあまたなる　全ての王が誘惑し、
彼の向きをば変えんとす。　それを聞く気は彼になく、
ゴルヨの意志は固かりき。　真《まこと》に、彼は従わず、
神に願いし事柄を　彼は一切果たしたり。
　自ら彼はかくなせり、　聖なる人のゲオルヨは。

3 かくて彼らはすぐ彼に　入牢《じゅろう》の刑を宣告す。
そこへは共に映え光る　天の使者らも赴きぬ。
女を二人見つけ出し、　そこにて彼は救いたり。
獄にて彼は神聖に　糧《かて》を見事にこしらえぬ。
　かくの奇跡をそこもとで　ゴルヨは現に行いぬ。

4 そこでゴルヨは祈願せり。　彼に全てを主は授く。
ゴルヨが主父に祈願せる　全てを彼に主は授く。
話せぬ者を話さしめ、　聞こえぬ者を聞こえしむ。
見えぬ者をば見えしめて、　歩けぬ者を歩かしむ。
柱が多年、立ちてあり。　それよりすぐに葉が出でぬ。

5
かくの奇跡をそこもとで　ゴルヨは現に行いぬ。
強き男はこの事に　いとも激しく立腹す。
タツィアヌスなる暴君は　それ故ひどく息巻きぬ。
彼は告げたり、ゲオルヨは　魔法を使う者なりと。
彼はゴルヨを取り押さえ、引きて伸ばせと命じたり、
いとも鋭き剣《つるぎ》にて　彼を微塵に切るべしと。
　我知る、これは事実なり。ゴルヨはそこで起き立ちぬ。
ゴルヨはそこで立ち上がり、見事に彼は説教す。
　異教徒どもにゲオルヨは　大いに恥をかかせたり。

6
強き男はこの事に　いとも激しく立腹す。
彼はゴルヨを捕縛して　車裂に処せと命じたり。
実に伝えん、汝らに。彼は十個にばらされぬ。
　我知る、これは事実なり。ゴルヨはそこで起き立ちぬ。
ゴルヨはそこで立ち上がり、見事に彼は説教す。
　異教徒どもにゲオルヨは　大いに恥をかかせたり。

7
彼はゴルヨを取り押さえ、激しく打てと命じたり。
彼を砕きて粉にせよ、全て燃やして灰にせよ。
ゴルヨは井戸に投げられぬ。こことて彼は至福なり。
いともあまたの岩石を　彼らは上へ転がしぬ。

彼らは井戸を周回し、　ゴルヨに立てと命じたり。
真《まこと》にいつもなす如く、　そこにて彼は偉挙をなす。
　我知る、これは事実なり。　ゴルヨはそこで起き立ちぬ。
ゴルヨはそこで立ち上がり、　見事に彼は説教す。
　異教徒どもにゲオルヨは　大いに恥をかかせたり。

8 一人の死者にゲオルヨは　起き立つべしと命じたり。
己の方へ歩むべし、　すぐに話せと令したり。
死者は語りぬ、「ヨーベルと　わが名は言えり、信じませ」。
はたまた言いぬ、破滅して　魔鬼に彼らは釣られしと。
　これを我らに知らせたり、　聖なる人のゲオルヨは。

9 その後《のち》、彼は奥の間へ、　王妃の許へ赴きぬ。
彼は彼女に説教し、　王妃はそれを傾聴す。
エレサンドリア王后は　いとも有徳の女性なり。
すぐに善をば果たさんと、　財を出さんと急ぎたり。
己が宝貨を施しぬ。　長年これが妃を救う。
永久《とわ》の永久まで王后は　しかと恵みを受けてあり。
　祈りて彼はこを得たり、　聖なる殿のゲオルヨは。

10 彼は片手を掲げたり、　アボリーヌスは戦《おのの》きぬ。
地獄の犬は命じられ、　すぐに奈落へ落ち行きぬ。

最後のC『ゲオルクの歌』は南西ドイツのボーデン湖にあるライヒェナウ島の修道院にザンクト・ゲオルク教会が建立された八八八年か、そこへローマから聖ゲオルギウスの頭骨と信じられていたものが移送されて来た八九六年以降に、教会での儀式用に作られた脚韻形式の聖ゲオルギウス賛歌です。これはドイツ最古にして、西欧ではミラノのサン・ジョルジョ教会の賛歌（上掲のA）に次いで二番目に古いものだとされます。同じライヒェナウ修道院で作られたBよりも古い訳《わけ》です。現存する写本では、長く歌い継がれて来てやっと一一〇〇年頃に書き留められたため、語形、特に固有名詞の経年変化が著しいのですが、それでもなお南西ドイツ特有の語形や語法が見て取れます。残念なことに第十詩節の途中で切れています。恐らくこの後に迫害者ダキアヌスらの滅亡が、そして最後の第十一詩節で聖人の殉教が歌われていたはずです。各詩節の最後はリフレインで、教会儀式の際に本体が聖職者によって歌われ、リフレインは一般信徒によって唱えられたと考えられています。ちなみにこの当時のライヒェナウ修道院はドイツ文化の一大中心地でした。

この賛歌と『聖ゲオルギウスの受難』とを子細に対比してみると、『聖ゲオルギウスの受難』から諸事件がかなり自由に取捨選択され、順序も大幅に変更されていることが分かります［▼図187］。最も特徴的なのは、前掲のラテン語による賛歌（AとB）とは違って、三度の拷問死と三度の復活が歌謡の中心に据えられていて、それも三度の拷問死の様態が次第に残酷さを増すように設計されているので、構成が極めてダイナミックなことです。これは本来の作詞目的に密接に関わっていると思われます。ラテン語による賛歌が教会や修道院の内部関係者に向けられているのに対して、古期ドイツ語の『ゲオルクの歌』の方はドイツの一般信徒に対して、聖ゲオルギウス信仰を高め、それによって神の偉大な力を強く認識させ、聖ゲオルギウスにならって天の王国を得るように努めることを鼓舞する目的を有していたのでしょう。

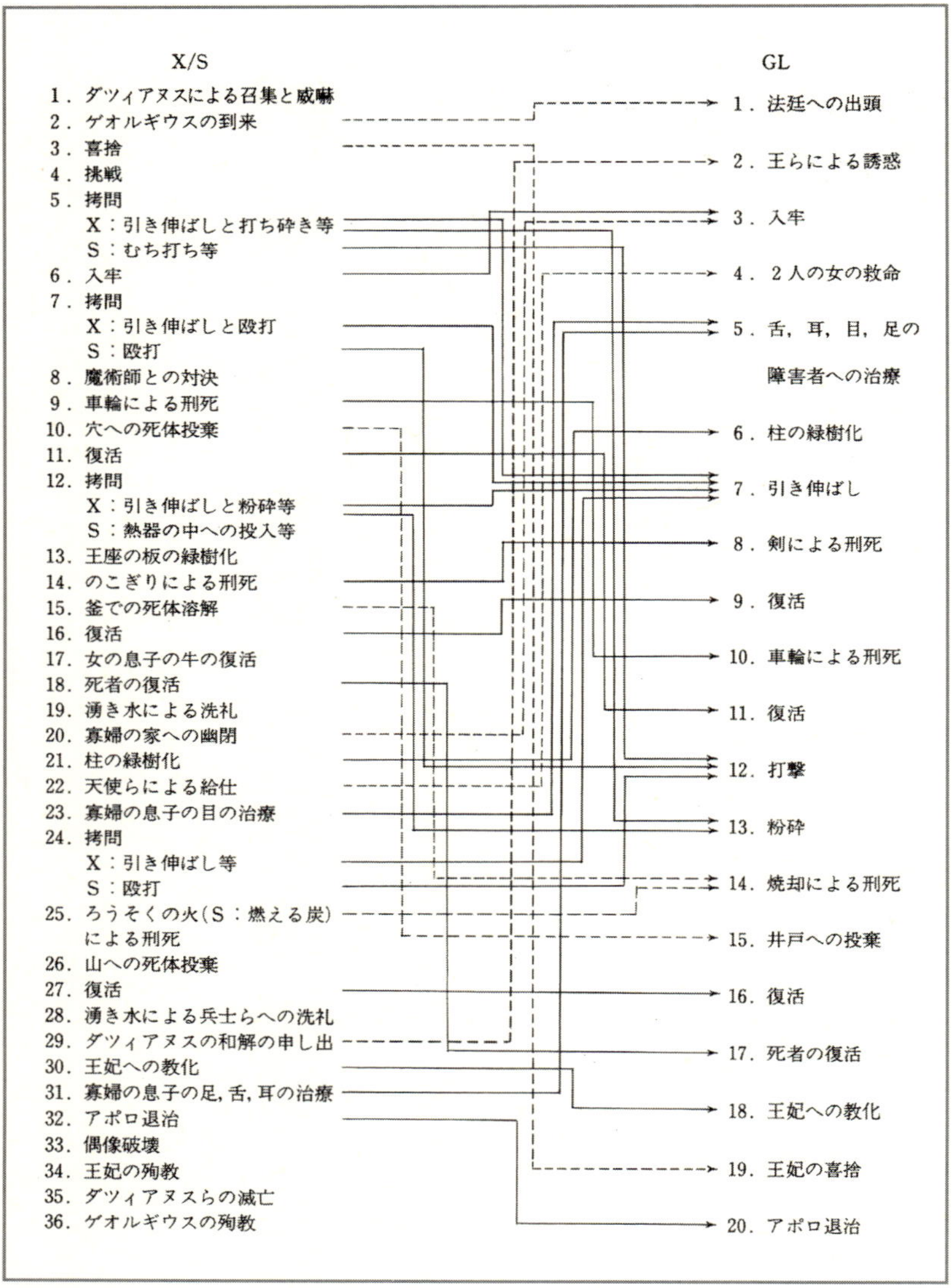

◉──187 『聖ゲオルギウスの受難』（X/S）と『ゲオルクの歌』（GL）との対比
実線の矢印は直接的・原形的な対応、点線の矢印は間接的・変形的な対応。数字は事件番号

『ゲオルクの歌』の最後に「地獄の犬」を退治する個所があるのは注目に値します。ここの「地獄の犬」とはギリシア神話のアポロ神（アポリーヌス）のことでした。ドイツ語の「地獄の犬」は本来は「地獄の番犬、ケルベロス」を意味する言葉でしたが、後には「悪魔」の意味も持つことになります。『ゲオルクの歌』の地獄の犬退治は悪魔的な怪獣退治という意味では、後代に悪竜退治の一モデルになったのではないかと思われます。

殉教伝の可視化

長大な『聖ゲオルギウスの受難』を簡易化する三番目の方法は可視化でした。地中海東部地域やロシアなどの東方正教会地域でよく見られるイコンが代表的ですが、［図188］は十一世紀にジョージアで九場面を金メッキ銀板に打ち出して、木製の十字架に取り付けたものです。

場面は左端より：貧者への喜捨、皇帝の尋問。中央先頭より：殴打、車輪刑、鉄鉤での掻き取り、生石灰中への投げ込み、石載せ。右端から二つ目より：雄牛の蘇生、斬首。

◉──188
聖ゲオルギウスの殉教十字架、
ジョージア、11世紀

〔図189〕はエジプト・シナイ半島にある聖エカテリニ修道院で十三世紀に描かれた聖ゲオルギウスの殉教イコンです。聖ゲオルギウスの足元にひれ伏しているのはイコン奉納者の修道士です。周りには受難の場面が配されていて、各場面にはギリシア語の説明が付いています。

左上角から右上角まで：喜捨する聖人、皇帝の前に立つ聖人、鞭打たれる聖人、石を載せられる聖人
右枠：車輪上の聖人、車輪から天使に救われる聖人、生石灰に投げ入れられた聖人
左枠：痛打される聖人、灼熱した鉄で焼かれる聖人、死者を立たせる聖人
左下角から右下角まで：雄牛を立たせた聖人、偶像らを破壊する聖人、剣で殺される聖人、埋葬される聖人

ジョージアの殉教十字架と同様、ここでも拷問の方法が違っているのは、異なった殉教伝説を下敷きにしているためだと思われます。〔図190・口絵23〕も同様に十三世紀に聖エカテリニ修道院で作られたイコンです。こ

◉—189　聖ゲオルギウスの殉教イコン
ビザンティン・エジプト・シナイ、13世紀

◉── 191　聖ゲオルギウスの殉教イコン、ロシア、13/14世紀

◉── 190　聖ゲオルギウスの殉教イコン、ビザンティン・エジプト・シナイ、13世紀

ちらは描かれた場面の多いのが特徴ですが、説明はありません。注目すべきことに、もう左下に竜を退治して王女を救う場面が取り上げられています。十三／十四世紀に作られたロシアのイコン［▼図191］では完全に竜退治が中心になっていますが、構図自体はジョージア由来のものです［▼図37］。

左上角から右上角まで：ゲオルギウス貧者に財産を喜捨する、連行される、ダキアヌスの前での尋問、投獄

左枠：車輪刑、鉄鉤での掻き取り、石載せ

右枠：偶像らの突き落とし、鞭打ち、松明による燃焼

左下角から右下角まで：ゲオルギウス煮沸される、鋸で挽かれる、溶けた鉛をかけられる、斬首される

◉—192　聖ゲオルギウスの殉教壁画、ドイツ・パイセンベルク、1400年頃

[図192] は南ドイツのバイエルン州パイセンベルクにある聖ゲオルク礼拝堂に一四〇〇年頃に描かれた壁画で、聖ゲオルギウスの殉教物語が十八枚の絵になっています。本来は内壁に五十枚以上の絵があったと考えられていますが、現存する北壁の十八枚は以下のような場面です。

上段：棍棒での殴打と傷口への塩の擦り込み、鉛棒での殴打、天使の激励、皇帝の尋問、寝台上での殴打、獄中での祈り

中段：魔術師の登場、雄牛の二分割、二頭の雄牛の出現、毒蛇の入った杯の差し出し、魔術師の斬首、車輪刑

下段：天水槽への遺体投棄、キリストによる復活、宮城の皇帝を訪問、女性らの改宗と軍隊長の斬首、銅製寝台上での焙りと溶けた鉛の注ぎかけ、銅製雄

牛への押し込め

下段最後の「銅製雄牛への押し込め」は『聖ゲオルギウスの受難』のXタイプとSタイプの第十節にのみ対応している場面ですので、パイセンベルクの聖ゲオルギウスの殉教壁画はX／Sタイプに基づいていることが分かります。

聖ゲオルギウスの泉

[図189]の左下から上に一番目と[図190]の右下から上に二番目の画像は聖ゲオルギウスが棺《ひつぎ》の中から甦らせた死者を洗礼している場面ですが、『聖ゲオルギウスの受難』Xタイプ十三節（以下X13と略示）によると彼はその際、右足で打って地面に開けた穴から湧き出させた新鮮な水で洗礼を行いました。さらに『聖ゲオルギウスの受難』X15には、聖ゲオルギウスの遺骸を山に捨てに行った兵士らに

蘇った聖ゲオルギウスが、右足で打って地面に開けた穴から湧き出た新鮮な泉で洗礼を行う場面もありました。この二つの故事は、聖ゲオルギウスの竜退治伝説を広めた『黄金伝説』の最後に述べられる「王は至福のマリアと至福のゲオルギウスに敬意を表して驚くほど荘大な教会を建設した。教会の祭壇からは新鮮な湧き水が流れ出して、それを飲むと全ての病人が良くなった」というエピソードにつながっています。従って今日でもヨーロッパのあちこちに見られる「(聖)ゲオルギウスの泉」の起源は『聖ゲオルギウスの受難』の故事にまでさかのぼることになります。このように湧き水の奇跡とそれによる洗礼は最古の聖ゲオルギウス伝説では大きな意味を持っており、泉が彼の象徴でもあったことが『聖ゲオルギウスの受難』Sタイプの最後の語りから分かります。

そして聖ゲオルギウスは自らのために三つの泉を印しとし、自らの首を剣の下へ傾けた。そして彼はこのような殉教によって生を終えた。

(S20)

ただしここで言う「三つの泉」の三番目の故事はどのタイプの『聖ゲオルギウスの受難』にも述べられてはいません。もしかしたらアレクサンドリア妃の流血が湧き水と見なされたのでしょうか。

王妃よ、心配するな。汝の出血する血そのものが汝にとって救済の洗礼であり、純粋な王冠であろう。

(X19)

汝の出血が汝への洗礼にして王冠だとみなされるであろう。

(『黄金伝説』)

Yタイプの『聖ゲオルギウスの受難』はこの場面を「すると直ちに湿気に満ちた雲が降りて来た。福者ゲオルギウスは自らの両手に水を受けて、父と子と聖霊の名において彼女を洗礼した」とありますので、この「湿気に満ちた雲」を湧き水と解することができます。

聖王ルイの洗礼盤

聖ゲオルギウスが湧き水で洗礼を施したというエピソードは意外なところに関わっていることがあります。[図193]はパリのルーヴル美術館にあるイスラム金属工芸の最高傑作と称されるものですが、名前は不思議なことに「聖王ルイの洗礼盤」となっています。これは口径が約五十センチ、高さが約二十二センチの金盥《かなだらい》で、真鍮の基盤に金、銀、黒金(硫黄、銀、銅、鉛の合金)で図像と模様が内外の両側に象嵌されています。これにはアラビア文字で「ムハンマド・イブン・アル=ザイン」という製作者の名前が記されていることから、エジプトからシリアに至る地域を支配していたマムルーク朝のイスラム国で十四世紀前半に製作されたと言われます。聖王ルイとはフランス国王のルイ九世のことで、彼は一

◉── 193 「聖王ルイの洗礼盤」、マムルーク朝エジプト=シリア、14世紀前半

二七〇年に亡くなっているので、時代が合致しません。ルイ九世は第六次と第七次の十字軍を組織したほど信仰心が篤かったために、死後カトリック教会から聖人に列せられました。「聖王ルイの洗礼盤」がフランスの記録に現れるのは、ルイ十三世が一六〇一年にこの洗礼盤で洗礼を受けた時ですので、この頃に聖王ルイがイスラム圏からこの洗礼盤を戦利品として持ち帰ったというような話が生まれたのか、作られたのでしょう。この洗礼盤はその後も王家の子女の洗礼に使われますが、本来はマムルーク朝の君主が宴会か儀式の際に召し使いの水差しから注がれて手を洗った水を受ける金盥だったのではないかと考えられます。これを十六世紀末にフランス王家が手に入れて、洗礼盤に使うことになった切っ掛けがこの金盥の図像にありました。［図193右］は外側にある四つの大きな円内に描かれた騎乗者像の一つで、イスラムの騎馬武者が槍をひっくり返った竜の口に突き刺しています。これはまさしくイスラム版の竜退治する聖ゲオルギウスに外なりません。［図36］のように現代のイスラム圏でも聖ゲオルギウス像が見られる通り、キリスト教圏と接触するイスラム圏では古くからキリスト教圏からの影響を受けて竜退治する聖ゲオルギウス像を悪に立ち向かう武人の理想像

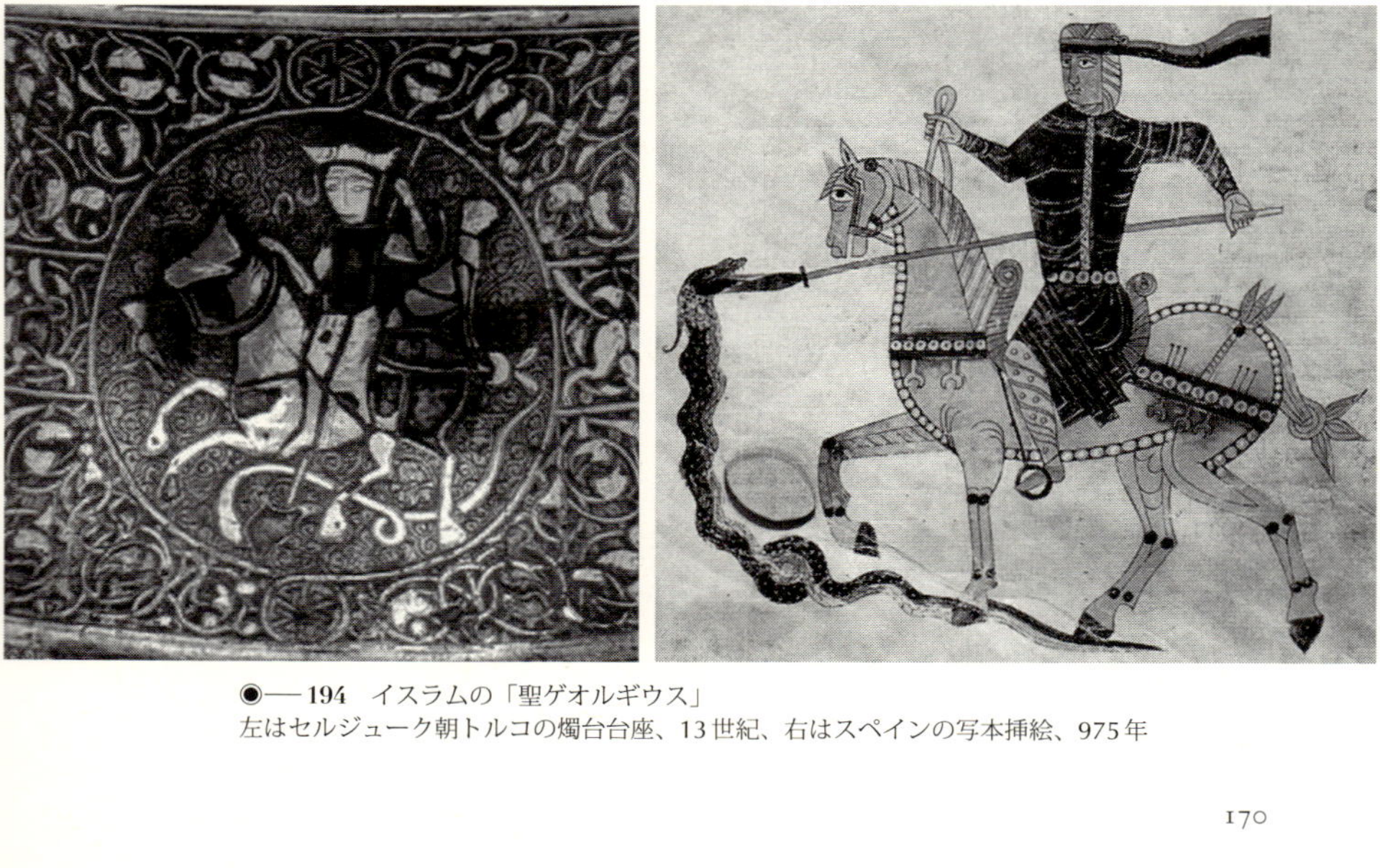

◉── 194　イスラムの「聖ゲオルギウス」
左はセルジューク朝トルコの燭台台座、13世紀、右はスペインの写本挿絵、975年

としていたことが分かります〔▼図194左〕。〔図194右・195〕はイスラム化された聖ゲオルギウス像がイスラム圏に近いスペインとイタリアのシチリアで受容された例です。フランス人は「聖王ルイの洗礼盤」の武人像を聖ゲオルギウス、フランス語で聖ジョルジュだと認識した結果、洗礼盤に使用するのがうってつけだと考えたのではないでしょうか。この金盥で洗礼を受けた最後の人物はナポレオン皇帝の甥であったナポレオン三世の皇太子、ナポレオン・ウジェーヌ（ナポレオン四世、一八五六〜七九年）でした。

◉── 195　イスラムの「聖ゲオルギウス」、王宮礼拝堂の天井画、イタリア・シチリア・パレルモ、12 世紀半ば

第五章

殉教伝の歴史的実態

カッパドキアのゲオルギオス

聖ゲオルギウス伝説に登場する主要人物、ゲオルギウス、ダキアヌス、アレクサンドリアの三人は全く架空の人物なのか、それとも歴史的に実在した人物像が多少なりとも投影されているのかどうかを検討してみようと思います。

前章で紹介した『聖ゲオルギウスの受難』では、聖ゲオルギウスの出身地は小アジア（現トルコ）のカッパドキアであったと述べられています。このカッパドキアが『聖ゲオルギウスの受難』の誕生地でもあったことは、その中に「火を自らの魔術によって作り出した大スカマンドルス、即ち自らの業（悪行）によって海の中に沈められた、タルサルとサルカファス（古代ポントス王国の伝説的な建国者兄弟）を生んだメディアの友（愛人）」（X3）という、カッパドキア辺りの地域神話が取り上げられていることが証拠になります。

この受難物語が出来上がった四世紀後半の地中海東部地域において、この話を読んだり聞いたりした人なら恐らく誰でもすぐに思い浮かべたのは、アレクサンドリアの総主教（大司教）を務めたカッパドキアのゲオルギオスのことであったに違いありません。彼はキリスト教アリオス（アリウス）派の権力者でしたが、三六二年にアレクサンドリアで異教徒の暴動の際に惨殺されたと同時代の歴史家アミアヌス・マルケリヌスが伝えています。

（アリオス派キリスト教徒のエジプト総督で、異教徒のアレクサンドリア市民を弾圧していた）アルテミオスが（背教者のユリアヌス帝に処刑されて）死んだことが分かると、彼らはその怒りをゲオルギオス総主教に向けた。市民らはしばしば彼の毒牙にかかっていたからだ。

ゲオルギオスはキリキアの町、エピファニアで布晒《さら》し屋に生まれ、自分の商売を繁盛させて多数の人を破産させたと言われるが、（アリオス派支持者のコンスタンティウス帝によって）自己の利益にも公の利益にも反してアレクサンドリアの総主教に任命された。ここは神託の示す通り、自らの衝動により何の理由もなく絶えず反乱や暴動に駆り立てられる都市である。

この短気な住民らをゲオルギオスは簡単に激怒させたのだ。彼は聞く耳を持つコンスタンティウス帝に対して多数の人を、帝権に異を唱えているとか、正義と慈悲のみを勧告する帝職を無視しているとして告発し、密告者による邪悪な実践を採用した。

その他でも、なかんずく彼はコンスタンティウス帝に悪意に満ちた報告を行ったと言われる。つまりその都市では創建者、アレクサンドロス大王が莫大な公費で建てた建物は全て国庫への収入源であって然るべきだと。

これらの悪意ある言動に加えて、彼はその後すぐに自らの破滅に至る事をやってしまった。皇宮からの帰途、慣例通り大勢の人に伴われて現地の守護神を祭る壮麗な（セラピス）神殿の傍を通りかかった時に、彼はその神殿の方に目を向けて言った。「この墓がこの先いつまで立っているであろうか」と。

大衆はこれを聞いて雷に打たれたようになり、苦労して彼らの力の最高傑作として作り上げていたこの建物も彼が破壊しようとしているのではないかと心配になり、密略でもって彼の破滅を画策した。

そこに突然（ゲオルギオス総主教の右腕であった）アルテミオスが亡くなったという朗報が届いたので、これを受けて全住民は思いがけない喜びに興奮し、歯をきしらせて、ひどい野次を浴びせかけながらゲオルギオスを襲って捕らえた。そして色々な方法で彼に虐待を加え、踏みつけた。その後、彼らは彼を大の字状態で引きずり回して殺害した。

造幣局長官のドラコンティオスとディオドロスという高官のような者も総主教と一緒に足をロープに縛られて通りを引きずり回され、殺害された。前者は、自分が長官を務めていた造幣局内に新しく設けられた（異教の）祭壇を打ち壊し、後者は、教会建築を監督している最中に、異教神の祭祀に関わるとみなして、少年らの（異教神に供えられるべき）巻き毛を勝手に刈り取ってしまったのだ。

残忍な暴徒らはこれでも満足せずに、殺された男らの毀損した遺体をラクダの背に乗せて、浜辺へ運んだ。そこで彼らはそれを火にかけて、遺灰を海に放り込んだ。彼らが恐れたのは、叫んでいた通り、棄教をせかされて栄光ある死のために、また自らの信仰を固守して殉教者の名声を得ることによって拷問に耐える方を選んだ人々の遺骨のように遺灰が拾い集められて、その上に教会が建てられはしないかということだった。事実、そのように残酷な罰を受けた哀れな男らはキリスト教徒達の援助によって保護されたかも知れない。もしも（アリオス派信徒以外の）全ての人々がゲオルギオスに対する憎しみによって等しく憤慨していなかったならば（カトリック派信徒も恨みがあったので傍観していた）。

（アミアヌス『歴史』22, 11）

ここで異教徒らがゲオルギオスの遺灰を海に放り込んだのは「殉教者の名声を得ることによって拷問に耐える方を選んだ人々の遺骨のように遺灰が拾い集められて、その上に教会が建てられはしないか」と恐れたからだと言われています。全く同様に『聖ゲオルギウスの受難』の皇帝も「キリスト教徒らの誰かが彼の四肢を一部盗んで、彼の殉教を騒ぎ立てないであろうか」(X9)と恐れて、ゲオルギウスの骨を穴に投げ込むよう命じていますし、また「誰かキリスト教徒が彼の骨の一部を盗んで、彼の殉教を騒ぎ立ててはならない」(X11)とも述べています。これは四世紀後半の時代に隆盛していた聖人の遺骨崇拝を前提にした場面設定であったことが分かります。

ゲオルギオスの生地とされるキリキアは小アジアにあったローマ帝国の属州ですが、カッパドキアはその北にありました[▼図196]。彼はアレクサンドリアの総主教になる前にカッパドキアの主教を務めていたので、「カッパドキアのゲオルギオス」と呼ばれたのでしょう。これはちょうど、全く同時代に神とイエスの類似説を唱える半アリオス派の代表として活躍した別人のゲオルギオスが、アレクサンドリア出身ながら、小アジアのラオディキアで主教をしていたことから「ラオディキアのゲオルギオス」と呼ばれたのと同じです。

前記のように悪名高い総主教ゲオルギオスが聖ゲオルギウスのモデルであると考える説は、最初ではありませんが、しかし一番熱心に十八世紀のイギ

●—196
ローマ帝国時代の小アジア
太線は200年頃の、
細線は300年頃の属州境界

リスの歴史家、エドワード・ギボンがその『ローマ帝国衰亡史』（4, 23）の中で唱えました。しかしこの説の弱みは、なぜ異端派の総主教がカトリック教会の大聖人になったのかという疑問点です。この点をギボンは次のように説明しています。

大司教ゲオルギウスのこの死は、見事に彼が（行った）生前の悪業を忘れさせてしまったのだ。（カトリック派の）アタナシウスの対抗敵だったというだけで、アリウス派には貴重かつ神聖な存在だった。そしてまもなく同派の信徒たちが、偽装にもせよ次々と転向をとげると、彼に対する崇拝はそのままカトリック派教会の中にも導き入れられた。つまり、当時現地での事情はすべて隠されてしまい、唾棄すべきこの異邦人司教も、すっかり殉教者、聖徒、またキリスト教の英雄という仮面下に装われることとなった。そしてこの破廉恥きわまるカッパドキアのゲオルギウスこそ、やがていつのまにかその名も高いイングランドの守護聖者、武勇と騎士道、およびガーター勲位の名親でもある聖ジョージに変身をとげていたのだった。（中野好夫訳）

しかし幾ら何でもこのギボンの説明には首をかしげざるを得ません。事実、先に引用した個所に付けた割り注で訳者は「この大司教ゲオルギウス＝聖ジョージ説は、本『衰亡史』でギボンの犯している最大の誤りとして有名」と述べています。ところがドイツでも十九世紀以来、総主教ゲオルギオス＝聖ゲオルク説が受け入れられていて、今日でも支持する学者は少なくありません。ただし前掲のようなギボンの説明まで容認されている訳ではありません。

ちなみに、ゲオルギオス総主教の右腕であったアルテミオス総督は異教神への供犠を拒否して背教者のユリアヌス帝に処刑されたため、今なおギリシア正教会ではアリオス派でありながら聖人として崇められています。

キリスト教徒大迫害

筆者自身の私見を言えば、名前はアレクサンドリア総主教のカッパドキア人、ゲオルギオスから採られているものの、聖ゲオルギウスの言動は他の、それも複数の人達から採られていると考えています。

まず注目に値するのは、キリスト教徒に対する大迫害が始まった三〇三年に、ちょうどその現場にいた初期キリスト教著述家、ラクタンティウス（二四〇／二五〇年頃〜三二〇／三三〇年頃）の証言です。これは広大なローマ帝国が四分統治（四帝共治）されていた時代［▼図197–199］のことです。彼は帝権第一位の東方正帝ディオクレティアヌス［▼図200］に修辞学を教授するために招かれて、小アジアにあった首都ニコメディア（現トルコ・イズミット）の皇宮に来ていました。この時ここには帝権第四位の東方副帝ガレリウス［▼図201］も政策協議のために滞在していました。彼らにとって、自分達の支配が及ばないキリスト教徒らの増大はもはや看過できない、重大な政治的問題になっていた訳です。これは秀吉のキリシタン迫害と同様の事態でした。

ラクタンティウスが後の三一五年頃に著した『迫害者らの死に様』

◉── 198　第１次四分統治記念碑
コンスタンティノープル、4世紀、
1204年より在ヴェネツィア

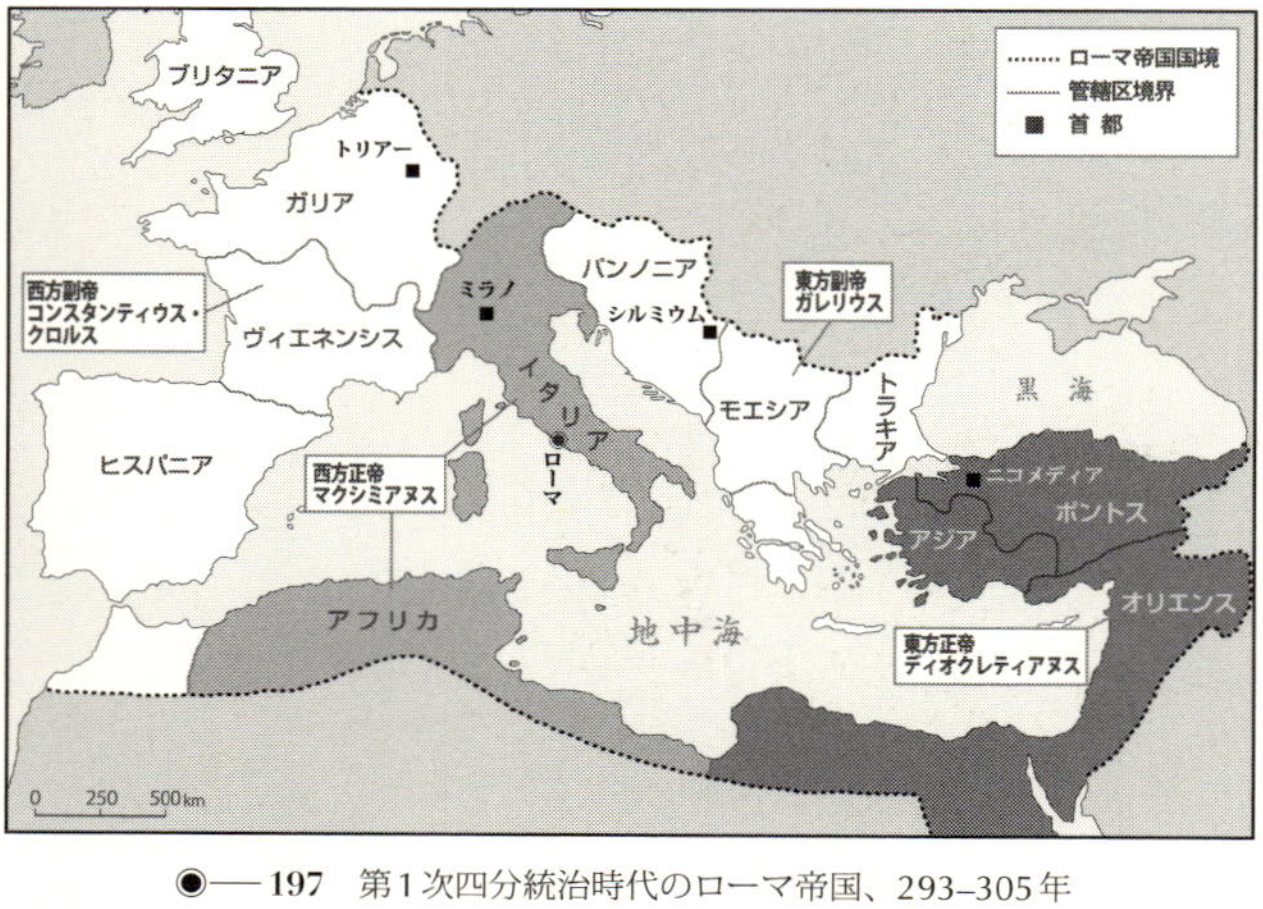

◉── 197　第１次四分統治時代のローマ帝国、293–305年

（10, 11）によると、ある日ディオクレティアヌス帝の指示で行われた犠牲獣（羊）の肝臓占いが何度やってもうまくいかなかったのですが、それは傍にいたキリスト教徒の召し使いらが額に十字を切って妨害したからだと占い師長らが訴え出たためにディオクレティアヌス帝が激怒したことが大迫害の直接的な切っ掛けになったとのことです。

さらにラクタンティウスは、ガレリウス副帝の迷信深い母親ロムラがほぼ毎日行っていた生け贄《にえ》の宴会に参加しないキリスト教徒達を憎んでいて、彼女と同じくらい迷信深い息子に彼らを片づけるよう唆したためだとも述べています。彼女の言動にはその他にも不遜な所があります。

四〇〇年頃にラテン語で書かれた編著者不明の『ローマ皇帝伝抄録』という歴史記録がありますが、同書（40, 17）にガレリウス帝は、母親が「ヘビ／竜」（ラテン語でdraco）と交わって自分を身ごもったのだと公言していたと記されています。母親自身がそういう夢を見たと言いふらしていたのでしょう。彼らの意図する所は、アレクサンドロス大王の場合にも同様の伝承があった（プルタルコス『英雄伝』「アレクサンドロス」2）こ

◉— 199　四分統治を示威する銀貨、他面はディオクレティアヌス帝の肖像。野営陣地の前で供犠する2組の正副皇帝、周りに「軍隊の威力」298－301年頃

◉— 200　ディオクレティアヌス帝の銀メッキ銅貨と石像

とから、ダキア（現ルーマニア）で生まれ育った牧夫の身からローマ皇帝にまで登りつめたガレリウスはアレクサンドロス大王の再来だと喧伝したかったに違いありません。しかしながらアレクサンドロス大王の場合のヘビ（ギリシア語でdrakōn「ヘビ／竜」）は変身した、ゼウス神に相当するエジプトの最高神アモンでした。ところがガレリウスの場合には、化身したのが何神であろうとキリスト教徒にとっては異教の神であることには変わりがないため、これがむしろ裏目に出て、怨念を抱くキリスト教徒達から「悪竜」とみなされ、後に『聖ゲオルギウスの受難』の中で迫害者、皇帝ダキアヌスがゲオルギウスに「年老いた竜よ」（draco inveterate X, 3）と罵倒される基になったのではないかと考えられます。

『迫害者らの死に様』（12）によれば、三〇三年二月二十三日の明け方に勅命を受けた部隊がニコメディアの高くそびえるキリスト教会を徹底的に破壊して、聖書を焼却してしまいました。この当時の聖書は大量の高価な獣皮紙に長い時間をかけて手書きされたものでしたから、極々少部数しかなかったはずです。その貴重な聖書が焚書されるのは教会には大きな打撃だったことでしょう。

モデルになった殉教者達

この一部始終を正副二人の皇帝は皇宮の望楼から眺めていたとのことです。そして問題の事件が翌二月二十四日に起きます。

◉— 201　ガレリウス帝の青銅貨と石像

その翌日ニコメディアでは、全てのキリスト教徒に対して一切の栄誉と尊厳の喪失を宣告する勅令が掲示された。キリスト教徒は、いかなる階級や身分に属していようとも、拷問に掛けられるべし。彼らに対してはいかなる告訴も受理されるべし。彼ら自身は不法行為や姦通、強奪に関して訴訟を起こし得ない。一言で言えば彼らは自由と発言権を奪われてあるべしと。

この勅令をある男が、正当ではないが、大きな決意をもってひったくり、そして嘲笑しながらゴート人やサルマティア人に対する勝利が公示されているのだと述べて、引き裂いてしまった。直ちに彼は連行されて、拷問に掛けられただけでなく、称賛すべき忍耐力をもって規則通りに焙《あぶ》られ、ついには焼き尽くされた。

（『迫害者らの死に様』13）

この事件は極めて衝撃的であったらしく、この時パレスティナにいた教会史家のエウセビオス（二六〇年頃～三四〇年頃）の耳にまですぐに届いていて、彼は『教会史』（VIII, 5）で次のように記しています。

さて、ニコメーディアで教会を迫害する勅書が出され人目につく公の場所に掲示されると、即刻一人の男がそれを聖ならざる冒瀆的なものとして引きはがし、引き裂いてしまった。彼は決して卑賤の生まれではなく、この世〔の基準〕では傑出していると見なされて、とても尊敬されていたが、神への熱心にはげしくつき動かされ、燃えるような信仰に我を忘れたのである。しかもその時には、最年長〔の皇帝〕（ディオクレティアヌス）とそれに次ぐ帝権の第四位〔の皇帝〕（ガレリウス）の二人がこの同じ都市に滞在していた。そのとき、このような仕方で際立ったのは彼が最初であった。そして同時に、この種の大胆な行為が当然もたらした結末に耐えることでも、彼は最後の息を引きとるまで平静な落ち着いた態度を

保ったのである。　　　　（秦剛平訳）

この果敢な男の名前はラクタンティウスもエウセビオスも書き残していませんが、シリア語の殉教録ではエウエティオスという名前であったとされます。名前がどうであれ、この「傑出した」階層出身者の死を恐れなかった挑戦的な行動は「総督」（他の殉教伝では「軍団長」）聖ゲオルギウスの挑発的な言動に酷似しているではありませんか。

注目すべき事件がまだあります。ディオクレティアヌス帝時代のキリスト教徒迫害は三〇三年に始まった訳ではなくて、その以前にも報告されています。大迫害の五年前に北アフリカのマウリタニア州であった話です。

ティンギタナ市（現モロッコ・タンジェ、またはタンジール）において、フォルトゥナトゥスが行政長官であった時、皇帝の誕生記念日が到来した。そこで全市民が宴会に列席して、（神々に）犠牲を捧げた際に、トラヤヌス軍団のある百人隊長、マルケルスはその異教の宴会のことをよくよく考えた上で、その時そこにあった軍団旗を前にして軍人の革帯を投げ捨て、明瞭な声で宣誓して言った。「我は永遠の王、イエス・キリストの兵士である」。

さらに百人隊長の指揮棒と武器を放り投げて付言した。「我は今後、汝らの皇帝らに服務することを止め、かつ汝らの木造や石造の神々を崇拝することを蔑む。彼らは耳が聞こえず、口が利けない偶像である。このように神々と皇帝らに犠牲を捧げるよう強いられることが兵士らの条件であるならば、見よ、我は指揮棒と革帯を投げ捨てる。我は軍旗を放棄する。そして軍務を拒絶する」。

（リュイナール『殉教者行伝』「聖マルケルス」）

この後、マルケルスは逮捕され、行政長官の取り調べを受けて、軍規違反により斬首されます。このマルケルスが叫んだ「我は汝らの木造や石造の神々を崇拝することを蔑む。彼らは耳が聞こえず、口が利けない偶像である」という挑発的な言葉は、聖ゲオルギウスの発言「口を持ってはいても話せぬ、目を持ってはいても見えぬ、耳を持ってはいても聞こえぬ、鼻を持ってはいてもかげぬ、無言の、無感覚の偶像らを我は崇拝しない」（『聖ゲオルギウスの受難』Y1）と全く同じですし、「皇帝よ、赤面せよ。汝が信じているのは神々ではなくて、耳の聞こえぬ、目の見えぬ偶像であり、人間の手による作であるが故に」（『聖ゲオルギウスの受難』X3）ともよく似ています。

さらにエウセビオスによれば「この（迫害の）ときには、いまだにギリシア人や非ギリシア人の間で賞賛すべき人物とうたわれ、その勇気のために評判になった者たちを輩出した」（3, VIII, 6）と伝えられており、その中の一人、ペトロスという別の殉教者の最期は次のように報じられています。

記述の〔二人の〕支配者たち（ディオクレティアヌス帝とガレリウス帝）の下の前出の町（ニコメディア）で、一人の男が〔人びとの〕前に引き出された。彼は犠牲を捧げるように命じられたが、拒否したのである。そこで彼を裸にして地上高く吊し、命じられたことに不承不承でも従うまで鞭ではげしく全身を打つように命令が下された。しかし、彼がこれらの拷問を受けても動じなかったので、次に彼らは酢と塩を混ぜ、その骨がすでに出ている、ずたずたに引き裂かれた身体に注いだ。だが、彼はそれらの苦痛も蔑視したために、次には焙り器と火が持ち出された。そして、彼の体の残った肉は食用の肉切れのように火で焼かれたが、それも彼が〔苦しみから〕ただちに解放されないように、一度にではなく少しずつであった。彼を火の上に置いた者どもは、彼がそのような〔拷問の〕後で命令に従うことに同意するまでは手を休めることが許されなかった。しかし、彼は歯をくいしばってその意志を貫き通し、拷問のうちに勝利者となってその魂を〔神に〕引き渡した。（秦剛平訳）

エウセビオスはさらに各地での殉教の様子を次のように伝えています。

テーバイの殉教者たちが耐え忍んだ拷問と苦しみは、どれほど多くの言葉を費やしても語れるものではない。彼らは全身を息絶えるまで鉤爪ではなくて陶片で掻き立てられた。……彼ら〔死刑執行人〕はある種の器具によってとくに頑丈な枝を〔二本〕引っぱり寄せ、そのそれぞれに殉教者の足を縛りつけ、もとの場所〔位置〕に戻すためにその枝を放した。彼らは、考案したこの器具によって四肢を一瞬にして引き裂くことを企てたのである。そして、これらすべてのことは、数日とかある短い期間だけでなく、何年という長い期間にわたって行われた。

彼らはあるときはアラビアの〔殉教〕者のように手斧で殺され、あるときはカッパドキアの〔殉教〕者を見舞ったように足をへし折られた。また、メソポタミアの〔殉教〕者の運命のように、頭を下に足から吊るされ、下に置かれた火のついた薪から立ちのぼる煙で窒息死した。また、あるときはアレクサンドリアの例のように、鼻と耳と手を切り落とされ、足や他の部分を切り刻まれた。アンティオキアの〔殉教〕者の以下の思い出を甦らせる必要があるだろうか。彼らは死のためではなく、じわじわと痛めつけられるために火刑格子炮《ほう》の上で焼かれた。

他にもポントスの人たちは聞くも恐ろしい〔拷問〕を受けた。ある者は鋭利な葦を指の爪の間に突き刺された。他の者は、火で溶かし沸騰して焼けるような鉛を背中にかけられ、身体の中枢部分を焼かれた。ある者は陰部や腸に〔受けた〕責め苦に耐えた。それは屈辱的で、残酷で、口にするのもはばかれるものであった。

（秦剛平訳）

さらにエウセビオスはアレクサンドリアで起きた殉教を語るフィレアスの書簡を引用しています。

後ろ手に縛られた者は木の上に吊るされ、ある種の器具でその四肢を引き伸ばされました。そして拷問を加える者は命令にしたがい、その全身を痛めつけはじめ、殺人犯の場合のように、脇腹だけでなく胃や足や頬にも拷問を加えました。ある者は片手で柱廊に吊るされ、関節や手足を伸ばされ、どんな苦痛よりも恐ろしい〔苦痛〕を経験しました。また、ある者は柱に向かって縛りつけられ、両足が宙吊りの状態にされたために、体の重さで縄がきつくくい込みました。

彼らは、忌むべき犠牲に手を触れて危害をまぬかれ、彼ら〔死刑執行人〕から呪うべき自由を得るか、それとも犠牲を捧げないで死を伴う処罰を受けるか、そのどちらかを選択するように命じられました。しかし、彼らは逡巡することなく喜々として死地に赴きました。

（秦剛平訳）

ここに述べられている拷問は聖ゲオルギウスが受けた拷問の一部と同じです。さらに、聖ゲオルギウスに加えられた拷問ではありませんが、『聖ゲオルギウスの受難』（X15）には、彼から洗礼を受けてキリスト教徒になった兵士らが皇帝ダキアヌスの命によって猛獣の前に放り出されたところ、猛獣から全く危害を受けなかったという話が出ています。驚くべきことに、これと同様の事件がフェニキアで実際にあったとエウセビオスが伝えています（VIII, 7）。

人肉を食う野獣どもは、かなりの時間〔これらの〕神に愛された者たちの身体に触れようとも近づこうともせず、外から明らかに野獣どもを挑発し唆していたと思われる他の者たちを襲ったのである。この聖なる戦士たちだけは裸で立ち、自分たちの方に野獣どもを引き寄せようとしきりに手招きしたが——彼らはそうするように命じられていた——、〔野獣どもは〕全く手出しをしなかった。野獣どもはときには彼らに向かって突進したが、神的な力のようなものに阻まれ、再び後方に退散するのであった。こうしたことが長い間続くと、見物人の間に大きな驚きが起こった。（秦剛平訳）

これもまた『聖ゲオルギウスの受難』に実際の出来事が反映されている可能性を示唆します。

アリオス派総主教の名が選ばれた理由

ヤコブス・デ・ウォラギネの『黄金伝説』によれば聖ゲオルギウスの殉教は、東方正帝のディオクレティアヌスと西方正帝のマクシミアヌスが統治していた時代、つまり二九三年から三〇五年までの間に起きたとされています。しかしまさしくこの時代の信頼できる証言者であったラクタンティウスもエウセビオスもゲオルギオス（ギリシア語名）とかゲオルギウス（ラテン語名）とかいった殉教者の名前は記録していません。このことから考えると、『聖ゲオルギウスの受難』の原作者は、先に見たラクタンティウスとエウセビオスが伝える殉教者やその他の同様の殉教者達をまとめて聖ゲオルギウスのモデルにしたのではないかと思われます。そしてその際、主人公の名前にアリオス派総主教、カッパドキアのゲオルギオスの名前を使用したのには、戦略的な意味と目的があったようです。

『聖ゲオルギウスの受難』が執筆された四世紀後半という時代は、キリスト教カトリック派（正統派）にとって異教という外敵のみならず、アリオス派という異端の身内とも熾烈な抗争を強いられていた最も危機的な時代でした。四世紀の中頃に西ゴートのアリオス派主教、ウルフィラによってなされた聖書のゴート語訳がゲルマン語最初の聖書訳として他のゲルマン人達に多大な影響を与えた結果、南欧にいたゲルマン人達は五〇〇年頃までにアリオス派キリスト教に改宗することになります。ウルフィラのゴート語訳聖書は聖書の翻訳史上では極めて早いものでした。

アリオス派というのは、カトリック派（その主導者の名前からアタナシオス派とも言われます）の根本的な教理である「父なる神と子なるイエスの同一本質」を否認する点で異教よりも手強い相手でした。コンスタンティヌス大帝は三二五年にニカイア（現トルコ・イズニク）で開催した公会議でアリオス派を異端として排斥しましたが、それでもアリオス派の勢いをそぐことはできませんでした。支配階級を含む素朴な一般人、特にゲルマン人達には、神とイエス・キリストが本質的に同一だと言われるよりも、むしろ神を皇帝や国王、イエス・キリストを皇太子や王子だと考えることによって、アリオス派の中でも特に類似説を唱える半アリオス派の方が現実的に理解しやすかったのでしょう。事実、当のコンスタンティヌス大帝自身が臨終の際に受洗したのもアリオス派からですし、彼の後継者となった三男のコンスタンティウス二世皇帝もアリオス派を支持しました。彼もまた死に際にアリオス派の洗礼を受けています。自分の家族にキリスト教を教授してもらった縁でアリオス派のカッパドキア人、ゲオルギオスをアレクサンドリア総主教に据えたのはコンスタンティウス帝でした。

しかしながら今なお圧倒的な勢力を持つ異教徒に対抗してキリスト教会を守るために、カトリック派はアリオス派と手を取り合う必要がありました。そこで『聖ゲオルギウスの受難』の原作者はまず、異教徒に惨殺されたアリオス派殉教者のアレクサンドリア総主教、ゲオルギオスをカトリック派の殉教大聖人に仕立てることによってアリオス派との融和を図り、アリオス派信者をカトリック派に取り込もうと目論んだのではないでしょうか。この原作者は元来、ゲオルギオス総主教に多少の同情を抱いていたか、あるいは、聖ゲオルギウスと対決する魔術師にアタナシウスという名前を付けていることから見ると、ゲオルギオス総主教の敵対者であったカトリック派主導者のアタナシオス総主教に対していささか反感を持つ人物であったのかも知れません。アタナシオス総主教は実際に論敵から魔術師だと中傷されたこともありました。しかし『聖ゲオルギウスの受難』にまさしくこのアタナシオスが魔術師として登場して、ゲオルギオスに完敗するという設定が、カトリック教会で六世紀に『聖ゲオルギウスの受難』が異端文書として典礼での使用を禁止された最大の理由だったのではないでしょうか。

次に原作者が目をつけたのは、伯父のコンスタンティヌス大帝が公認したキリスト教の特権を再び剝奪して、異教信仰を元に戻したユリアヌス帝でした。彼はそれ故にキリスト教会側から背教者と非難されますが、ユリアヌスは若い頃から学問好きで、熱心にギリシア古典学を学んでいたために、当時のキリスト教が固執した独善的な教義に不信感を持っていたようです。彼は少年時代にカッパドキアの主教をしていたゲオルギオスに出会いました。この時既にゲオルギオスは多数のギリシアの古書を所有していたので、少年ユリアヌスもその蔵書を借りて勉強したと言われます。このように異教の学問に通じていた、ユリアヌス帝の恩師、カッパドキア人ゲオルギオスの名前は異教徒の皇帝とその周辺の人達にもアピールするところが大いにあったと考えられます。ゲオルギオスの蔵書は死後、ユリアヌス帝が利用するためにアンティオキアに移されました。

『聖ゲオルギウスの受難』には皇帝がゲオルギウスを「ガリラヤ出身の男」（X14）とか「ガリラヤ人」（X19, 20）と呼ぶ場面がありますが、キリスト教徒に「ガリラヤ人」というあだ名を付けたのはユリアヌス帝とされますので、『聖ゲオルギウスの受難』の誕生年代はユリアヌス帝時代の三六一〜三六三年か、その後であることの証拠になります。

筆者が聖ゲオルギウスのモデルとしてディオクレティアヌスとマクシミアヌスの時代に殉教した複数の人々を考える重大な理由がもう一つあります。それは聖ゲオルギウスが受けた迫害の期間です。『聖ゲオルギウスの受難』（X5）で神が「見よ、汝があの七十二人の王から七年の間まさに受けんとしている受難を」と言い、また聖ゲオルギウスが「あの七十二人の王に我が裁かれることになって以来七年になる」（X20）と述べており、終節では「我パセクラテス、わが主ゲオルギウスの僕は、皇帝ダキアヌスと七十二人の王に彼が裁かれた七年の間、彼の一切の受難に居合わせていた」（X21）と記されています。Sタイプの『聖ゲオルギウスの受難』でも、懐柔策に転じたダキアヌスに対して聖ゲオルギウスは「見よ、我は七年間、汝の手から審問を受けている」（S16）と発言しています。ミラノの『聖ゲオルギウス賛歌』にも「三年を二度と一年の間に」とあります。

東方正帝ディオクレティアヌスと東方副帝ガレリウスによって三〇三年に始められたキリスト教徒への迫害は七年間、猛威をふるいました。四種類の迫害令が立て続けに出されています。この史上最大のキリスト教徒迫害は八年目から衰え始めて、三一一年にガレリウスによる寛容令が出た後、十年目には完全に終息しています（エウセビオス『教会史』VIII, 16）。この七年という大迫害の期間が聖ゲオルギウスの受難の七年間に反映されているに違いありません。

『黄金伝説』によれば聖ゲオルギウス伝説がかつて「外典」とされたのは、「聖人の殉教に関する正確な記録がないからである」と言われています。五世紀末のローマ教皇、ゲラシウス一世も「その言動は神のみぞ知る」と述べています。正確な記録がないのは、聖ゲオルギウスが特定の一個人ではなくて、多数の殉教者の総体であったと考えれば、容易に理解できます。そして聖ゲオルギウスの三度の拷問死と三度の復活は、幾多の猛烈な迫害にもかかわらず、絶滅するどころか、迫害を受ければ受けるほど逆に益々増大するキリスト教徒達の強靭な信仰心が反映されているに違いないと思います。『聖ゲオルギウスの受難』の執筆者は次のようなエウセビオスの見解を実証しようとしたのではないでしょうか。

> キリストの偉大な殉教者たちはこれら〔の試練〕によって全世界に知れ渡り、当然のことながら、彼らの勇気ある行為の目撃者たちを至る所で驚嘆させた。彼らは、彼ら自身を介して、わたしたちの救い主の権能が真に神的で言語に絶したものであるという明白な証拠を提供したのである。（秦剛平訳）

とすると『聖ゲオルギウスの受難』の原作者はエウセビオスの後継者の一人であったのかも知れません。『聖ゲオルギウスの受難』Yタイプではゲオルギウスの下僕の名前が「エウセビウス」と呼ばれているのもこの事情を反映しているようです。それとも、ただ単に権威付けのためにエウセビオスの名前を出しているのでしょうか。

> 彼の全生涯の間、彼と共にいて、奇跡を行う彼の傍に立っていた、彼の下僕たる我、エウセビウスはキリストの名のためにこの戦いを書き上げた。（Y10）

迫害者ダキアヌスの実像

歴史的なキリスト教徒大迫害の命令者は東方正帝ディオクレティアヌスと東方副帝ガレリウスでしたが、聖ゲオルギウスの迫害者ダキアヌスは『聖ゲオルギウスの受難』Xタイプでは「ペルシア人らの王、皇帝」、Sタイプでは「王、王の王、皇帝」、Yタイプでは「皇帝、王」と呼ばれています。しかしながらダキアヌスという名前の、あるいはこれに似た名前のペルシア王もローマ皇帝も実在しません。

ところが唯一、スペインではダキアヌスという迫害者の存在が確認されています。伝承によれば三〇四年にスペイン・サラゴサの助祭であったウィンケンティウス（ヴィンセント）が総督ダキアヌスから拷問を受けて、スペイン最初の殉教者になったとされています。スペイン出身のキリスト教詩人プルデンティウス（三四八～四一〇年頃）はスペインやローマの殉教者を称える賛歌の一つとして『殉教者、聖ウィンケンティウスの受難』という叙事詩を作成していますが、その中では迫害者の名前を「ダティアヌス」と明言しています。その後『聖ウィンケンティウス伝』をモデルにしてスペインや南フランスで生まれた色々な殉教者伝でも迫害者ダキアヌスが登場します。例えば『聖女フィデスと聖カプラシウスの受難記』では次のように述べられています。

その頃ダキアヌスという残酷きわまりない奉行が、当時ローマ政府の主権を掌握していた瀆神の皇帝、ディオクレティアヌスあるいはマクシミアヌスのもとから（南西フランスの）アジャンの町にやってきた。彼は悪魔の奸計に唆されて神の冒瀆を事とし、とくにダキアヌスを恐れて身を隠していたキリスト教徒たちに、もっとも残酷な処罰を与えるように努めていたのだ。

（杉富士雄訳）

ギボン『ローマ帝国衰亡史』(2,16) もスペインにおけるダキアヌスの実存を否定していません。

ただヒスパニア都督ダティアヌスだけは、真実憎悪の念に燃えてか、それとも政策的考慮からか、とにかくコンスタンティウス副帝の(キリスト教徒を保護するという)真意など一向に通じないらしく、ひたすら(ディオクレティアヌス帝の迫害の)勅令の実施に励んだ。彼の属州統治が何人かの殉教者たちの血によって汚されたことはまず疑いない。

(中野好夫訳)

なおダティアヌス(Datianus)もダキアヌス(Dacianus)もこの当時、実際には共に同じく「ダツィアヌス」あるいは「ダチアヌス」と発音されていたと思われます。

聖ウィンケンティウスは『黄金伝説』にも取り上げられています。ここに登場する「総督、裁判官」ダキアヌスや『聖女フィデスと聖カプラシウスの受難記』の「奉行」ダキアヌスは、『聖ゲオルギウスの受難』の「ペルシア人らの王、皇帝」ダキアヌスと同様に、効き目のなかった残忍な拷問の後に、対象者に甘言をもって改宗を促すという同じ手口を用いています。

『黄金伝説』の中の「聖ウィンケンティウス」

裁判官(ダキアヌス)は言った。「ウィンケンティウスよ、すこしはわが身を不憫におもい、美しい青春をもう一度とりもどしてはどうかね。わたしの言うことをきくなら、これ以上の拷問は勘弁してやろう」

(前田敬作/今村孝訳)

『聖女フィデスと聖カプラシウスの受難記』

奉行（ダキアヌス）はきわめて狡猾にも平静をよそおい、いくぶん寛大な態度をもって言った。「おお、うら若い娘よ、そなたのような美しさと若さがあるからには、当然蔑《ないがし》ろにはできぬはずの、わしの忠告を聞きいれられよ。そなたのなしたそのような告白は取りやめて、そなたと同じ女性である、この上もなく神聖なダイアナに犠牲《いけにえ》を捧げられよ。かくなるときは、わしはそなたに多くの贈り物をして、いっそう豊かにして進ぜよう」と。

（杉冨士雄訳）

以上のことから考え合わせると、『聖ゲオルギウスの受難』の迫害者、皇帝ダキアヌスとは、迫害指令者であったディオクレティアヌス帝とガレリウス帝が一人にまとめられて、そこにスペインの悪名高い迫害実行者であったダティアヌス／ダキアヌスの名前が付けられて作り出された人物だと考えてよいでしょう。『聖ゲオルギウスの受難』Xタイプの冒頭でダキアヌスが「ペルシア人らの王」と呼ばれているのにも何か意味がありそうです。

ディオクレティアヌス帝

ギボンの『ローマ帝国衰亡史』などを改めて読み直すと、ディオクレティアヌス帝とガレリウス帝はペルシアと深い関わりを持っていたことが分かります。この両帝は、宿敵ペルシアとの戦いとその後の交渉において輝かしい勝利を収め、二九七年にはメソポタミアとティグリス河東岸の五州をローマ帝国領にしています（図104右）の青銅貨の銘は「ペルシアに対する勝利」）。ローマの元老院はディオクレティアヌス帝に対して「ペルシアを制した最大功労者」という尊称を贈ったほどです。その結果としてディオクレティアヌス帝はペルシア風の専制君主制を始めてローマ帝国に取り入れることになりました。『ローマ帝国衰亡史』(2, 13)はその様子を次のように述べています。

なんとディオクレティアヌス帝は、思い上がりか、それとも一種の政策からか、ペルシア王宮廷の豪華絢爛さをすすんで採り入れることにしたのだった。たとえばまず王冠だが、これをはじめて公然と戴いたのもディオクレティアヌス帝だった。……いまやディオクレティアヌス帝およびその後継者たちの装うようになった豪華きわまる長袍《ながほう》は眩いばかりの金襴の絹服。……いかに高位の人物といえども、まず彼は地上に平伏し、そこは東洋風の流儀で、あくまで神として帝を拝するよりほかはなかった。

(中野好夫訳)

このディオクレティアヌス帝は帝権第一位の東方正帝としてニコメディアを首都にして最も豊かな最東方を統治した訳です。このようにディオクレティアヌス帝とその後継者ガレリウス帝が「ペルシア人らの王」とみなされ得る理由は十分ありました。

ディオクレティアヌス帝は在位二十年を経た三〇五年に、体力と気力の衰えを自覚してか、東方正帝の地位を娘婿のガレリウス帝に託して自発的に引退した後は、故郷ダルマティアのスパラトゥム(現クロアチアのスプリト)に十年の歳月をかけて建設しておいた壮大な宮殿で一市民として野菜作り等を楽しみながら隠棲生活を送りますが、しかし最晩年には妻と娘の身上に彼の命を縮めるような大事件(後述)が起きます。彼の最期(三一三年か三一六年)をラクタンティウス『迫害者らの死に様』(42)は次のように伝えています。

このように二十年間、最も幸福であった皇帝は卑しい生活へと神により投げ落とされ、侮辱をもって軽蔑され、人生の嫌悪へと導かれて、ついには飢えと苦悩をもって衰弱死した。

エウセビオスの報告は次のようです。

（皇帝たちの中で）地位と年齢の点で第一位にあった（ディオクレティアヌス）は、はげしい痛みを伴う疾患に長期にわたって肉体を蝕まれた。

（『教会史』VIII, 補遺、秦剛平訳）

ガレリウス帝

他方、キリスト教徒迫害の張本人、ガレリウス帝の最期（三一一年）は、四人の同時代人が記録しているほど極めて異様でした。

ガレリウス・マクシミアヌスは、外陰部が焼き尽くされて死んだ。

（『ローマ皇帝伝抄録』40, 4）

ガレリウスはその後、リキニウス副帝をパンノニア（現ハンガリーとクロアチア）に残して、セルディカ（現ブルガリアの首都ソフィア）に戻ったが、そこで異常な病気に襲われて衰弱し、内臓がむき出しのまま腐敗して死亡した。これは極めて不当な迫害に対する重刑の形で残虐な命令の発布者に回帰する極めて当然な懲罰であった。

（『ワレシアヌス抜粋』I, 3）

突然、彼の陰部の中ほどが化膿し、次にその奥に瘻孔の潰瘍が生じたからである。それは不治で、中央の内臓まで冒して行った。そのために無数の蛆が発生し、死臭が発散した。そのばかでかい肉体全体は、病気になる前から大食が災いして、ぶよぶよの巨大な脂肪の塊に変わっていたが、それがそのとき腐乱し、近づいた者には耐えがたい身の毛のよだつ光景になった。

（『教会史』VIII, 16　秦剛平訳）

既に（治世の）十八年目が経過しつつあった時、神は不治の災いでもって彼を討った。彼の生殖器の下部に悪性の潰瘍が生じ、徐々に広がった。医者らは切って治療した。しかし既に瘢痕で被われていた傷口が裂け、破れた血管から死の危険に至るまで出血した。かろうじて止血され、改めて新しい治療。ついに瘢痕へと至ったが、再び体の軽い運動によって傷つけられ、以前よりも多量の血が流れ出た。彼は蒼白になり、そして力をなくして衰弱した。やがて少なくとも出血は止められたが、傷口は薬を感じなくなりだし、癌は近くを冒した。周りを多く切り取れば取るほど、癌は広く荒れ狂い、治療すればするほど、増大した。……薬によって追い払われた災いは内部へと逆戻りし、内部を捕らえた。中で蛆虫が発生し、悪臭が宮殿中に漂っただけでなく、町中に広がった。

（『迫害者らの死に様』33）

エウセビオスは「迫害の災禍の首謀者であった」ガリレウス帝のこの悲惨な最期を「神の摂理」が「悪事の張本人を襲い、全迫害の悪事の総指揮官としての彼に怒りを爆発させた」のだと解しています。このように「神から送られた罰」を受けたガリレウス帝の最期は、『聖ゲオルギウスの受難』において、天から神の命令に従って降って来た火により滅び去った皇帝ダキアヌスの最期に対応していると言えます。

アレクサンドリア妃の実像

皇帝ダキアヌスのモデルが実在したディオクレティアヌス帝とガレリウス帝であれば、ダキアヌスの妻、アレクサンドリア妃はディオクレティアヌス帝の妻、プリスカ妃とガレリウス帝の妻、ワレリア妃【▼図202】の二人がモデルだったのでしょうか。そうだとしたら実に話がうますぎるようですが、筆者はその通りだと考えます。アレクサンドリアという名前は、アリオス派のゲオルギオス総主教とカトリック派のアタナシオス総主教が敵対した都市のアレクサンドリアから採られているのでしょう。プリスカとワレリアの二人の皇妃は実の親子でして、共にキリスト教徒であったとラクタンティウスが記しています。

（ニコメディアの宮殿内部で火災が発生した時、そこの家僕のほとんどがキリスト教徒であることが判明したため）今や皇帝（ディオクレティアヌス）は家僕に対してだけでなく、（キリスト教を信じる）全ての者に対して荒れ狂った。そしてまず娘のワレリアと妻のプリスカに異教神への供犠によって汚されることを強いた。

（『迫害者らの死に様』15）

しかしながらこの二人の皇妃はそれぞれの夫の手によって殺されたのではなくて、ガレリウス帝の後継者の下で非業の最期を遂げたのでした。

◉—202　ワレリア妃の金貨（左）と銀メッキ銅貨と青銅貨

ワレリア妃とプリスカ妃

まず、ガレリウス帝の養子として後を継いだ甥のマクシミヌス・ダイア（ダーザ）帝［▼図203］は、ワレリアの財産と美貌に目がくらんだのか、それとも正妻がいるのに先帝の妻、先先帝の娘との結婚によって自らの権威を高めようと目論んだのか、彼女に求愛しますが、彼女から極めて丁重な拒絶を受けます。

彼は使者を送って彼女に求婚し、願いが叶えば、妻を追い出すつもりだと伝えた。彼女は（誰とも相談せずに）一人でなし得た答えを率直に返した。まず、彼女は自分の夫、つまりは彼の養父の遺灰が今なお温かいのに、喪服を着ている状態で結婚については交渉し得ないと。次に、彼女自身に対してもとにかく同じ事をいつか行おうと考えて、自分に忠実な妻を離縁する故に、彼は不道徳な振る舞いをしていると。最後に、彼女のような名前と地位のある女性が慣習に反して、前例のないままに再婚を企てることは人倫にもとると答えた。

（『迫害者らの死に様』39）

彼女の返事を聞いてマクシミヌス帝は態度を豹変させます。これは洋の東西を問わず、いつの時代でもあり得る話です。

情欲は怒りと狂暴に変わった。彼は直ちにその女性を追放し、彼女の財産

◉—203　マクシミヌス・ダイア帝の青銅貨と石像

を没収し、侍臣らを奪い、宦官らを拷問具で殺した。彼女自身は母親と共に異国へと遠ざけたが、特定の場所へではなくて、あちこちへ嘲笑と共に真っ逆さまにして追い払った。（『迫害者らの死に様』39）

三一三年にマクシミヌス帝がリキニウス帝［▼図204］との戦いに敗れて急死した時、彼女達は運命の好転を期待しました。ところが彼女達を待ち受けていたのは、さらに苛酷な運命でした。ワレリアは、かつて夫のガレリウス帝の恩顧を受けていたリキニウス帝を頼りましたが、彼に対しても亡夫の遺産の放棄を拒否したことと、彼女が養子にしてかわいがっていた、ガレリウス帝の庶子がマクシミヌスの娘と婚約していたことへの反感から、リキニウス帝も非情な仕打ちに出ます。

リキニウスは最高権を得ると、マクシミヌスが逃亡の後、死ぬべきだと悟った時でさえ、立腹して敢えて殺そうとはしなかったワレリアと、彼女が妊娠困難症の故に、（夫の）側室から養子にしていたカンディディアヌスを殺すように命じた。（『迫害者らの死に様』50）

このカンディディアヌスが処刑された後、彼女は母と共にリキニウス帝の所から逃げて行きます。しかし父親ディオクレティアヌスの隠棲先に向う途中でリキニウス帝の追っ手に捕らえられてしまいました。彼女達の最期（三一四年か三一五年）

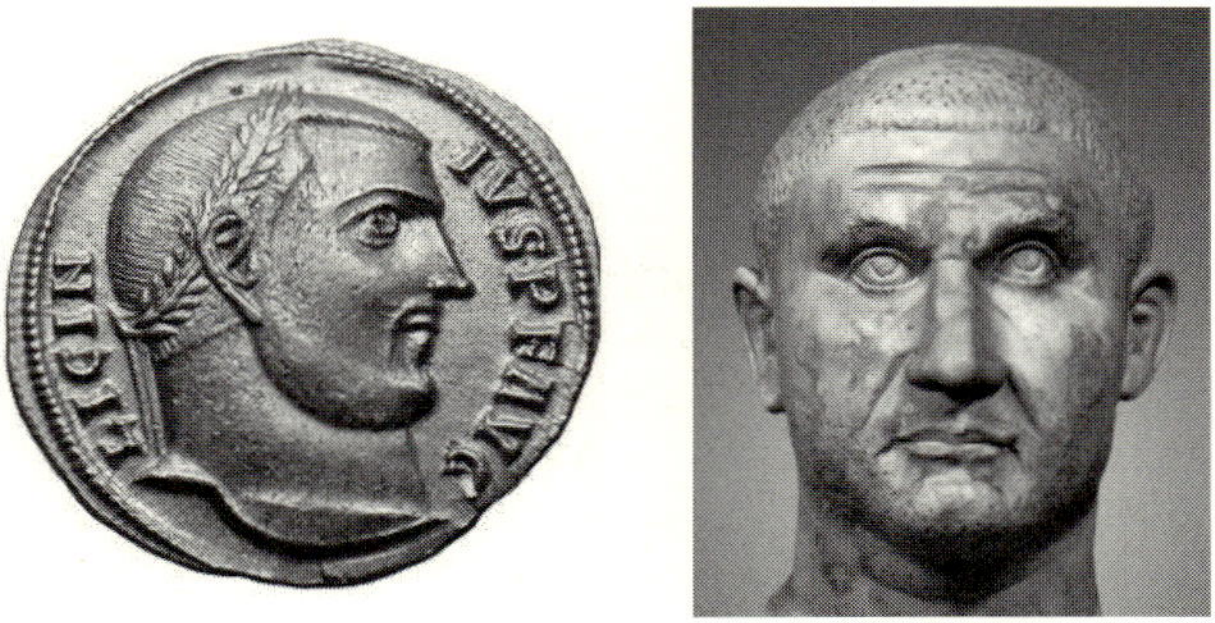

◉—204　リキニウス帝の金貨と石像

は次のように報告されています。

ワレリアも様々な州を十五か月間、庶民の服装で漂泊したが、ついにテッサロニケ近くで見破られ、母と共に逮捕されて罰を受けた。つまりこの女性達は、異常に多数の見物人と、かくも大きな没落に対する同情を伴って処刑場へと引き出され、斬首されて、遺体は海に投げ込まれた。このように彼女達には貞淑と境遇が災禍をもたらしたのである。（『迫害者らの死に様』51）

ギボンも彼女達に深く同情して、「これが先帝ディオクレティアヌスの妻、そしてまたその娘の受けた不当きわまる悲運だった。彼女たちの悲運をわれらは心から悲しむ。彼女たちに罪過など何一つ見出しえぬのである」（『ローマ帝国衰亡史』2,14。中野好夫訳）。この二人の皇妃、とりわけワレリアは「栄誉と永生と称賛と高潔と勝利を永遠に有している」（『聖ゲオルギウスの受難』X21）と称えられるに相応しい実在人物であったと言えるでしょう。

［図205］はかつてギリシアのテッサロニケにあったガレリウス宮殿の跡地から一九五七年に出土した大理石製のアーチです。ここでは右のガレリウス帝に対して左にワレリア妃が見られます。このワレリア像は、頭に城壁をかたどった王冠をかぶっている通り、テッサロニケの守護女神として浮き彫りされていますが、頭周りのノミ跡から見ると、当初は皇后として豪華なヘアスタイルで彫られていたようです。この改変はリキニウス帝の指図によるものと考えられています。幸いなことに、三十歳前後であったと思われる彼女の顔面は奇跡的に無傷でして、一七〇〇年間、絶頂と絶望の地で微笑み続けています。

ワレリア妃とその母を死に追いやった忘恩のリキニウス帝はその後、コンスタンティヌス大帝［▼図206］に滅ぼされてしまいます（三二五年）。そして大帝が宮殿の入り口に掲げる巨大な戦勝記念蠟画の中でリキニウスは大帝に退治される竜として描かれることになります。

ディオクレティアヌスの没年ははっきりしませんが、三一三年ならば一私人の身にはもはやなす術もなく、ただ遠くから妻と娘の身上を案じながら、三一六年ならば二人の悲劇に打ちのめされ、早まった自らの退位を痛恨しつつ、広大な宮殿［▼図207］で寂しく七十年近くの生涯を閉じました。彼の遺体は遺言に従ってその中に設けてあった霊廟（［図207］の八角形の建物［▼図208・209］）に葬られました。しかしこの霊廟が七世紀に、ディオクレティアヌス時代の三〇四年にサロナで殉教した聖ドムニウスの大聖堂に改造された際に石棺や彫像等は全て破壊されてしまいました。現在、スピルトの考古学博物館では紫色の斑岩から出来ていた豪華な石棺［▼図209中央］の破片が見られます［▼図210］。

この破片を見るとキリスト教徒達の怨念の凄まじさがよく分かります。しかし建物は基本的には元のままです。ただし高くそびえる鐘楼は十三〜十六世紀の追加だそうです。一九七九年に世界遺産に登録された、かつてのディオクレティアヌス宮殿は今ではアドリア海に面したスピルトの町に完全

◉—205　ガレリウス宮殿の小アーチ、ローマ帝国・ギリシア・テッサロニケ、308－311年

◉— 206　コンスタンティヌス大帝の金貨と石像

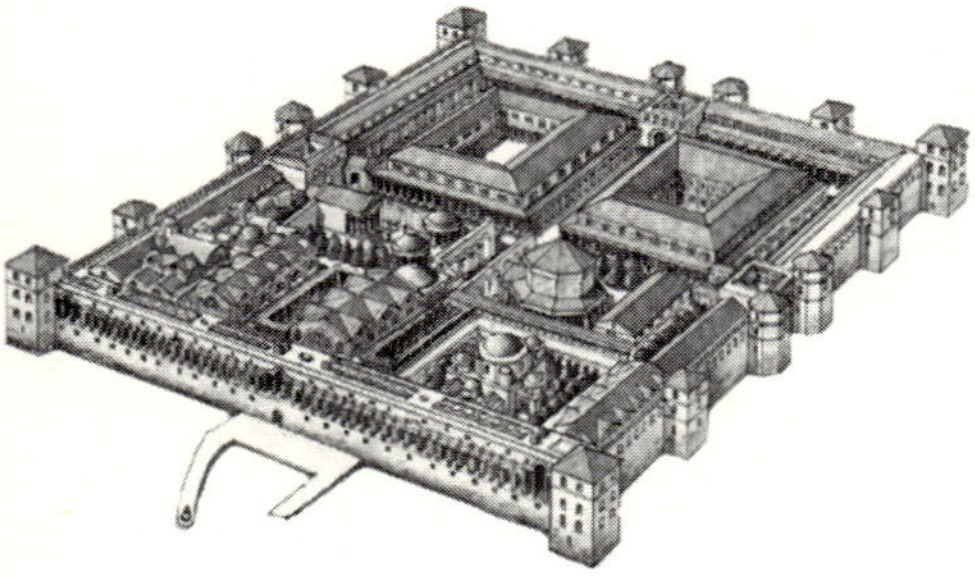

◉— 207
ディオクレティアヌス宮殿の復元図

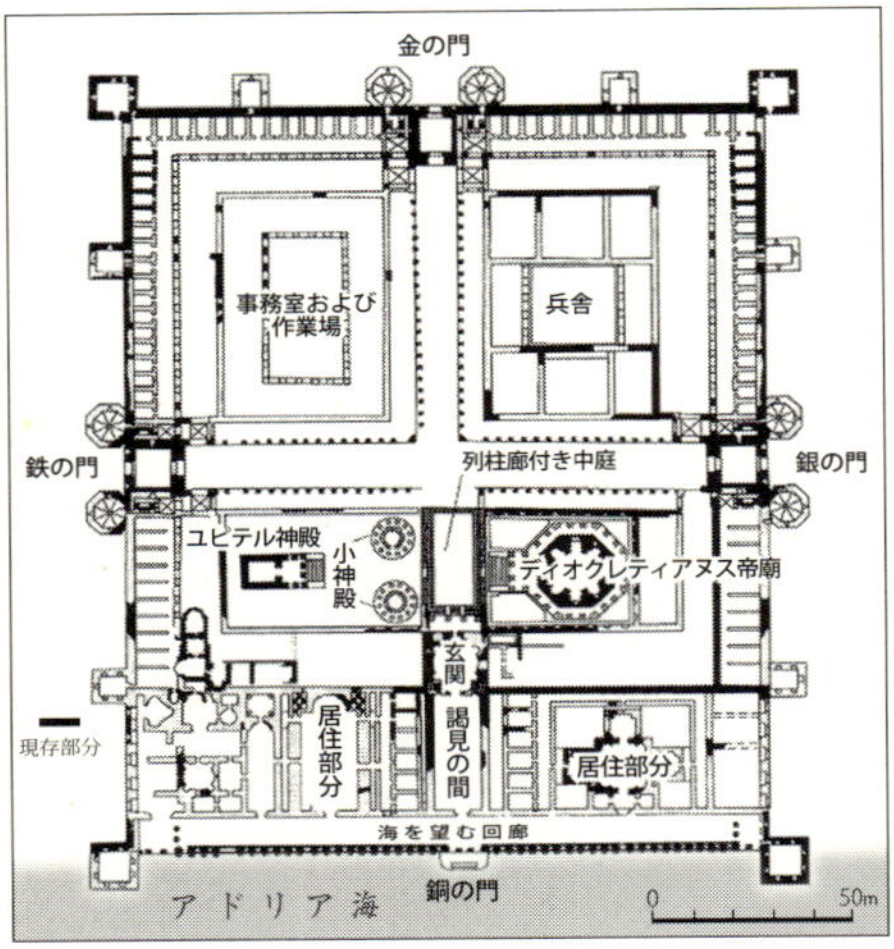

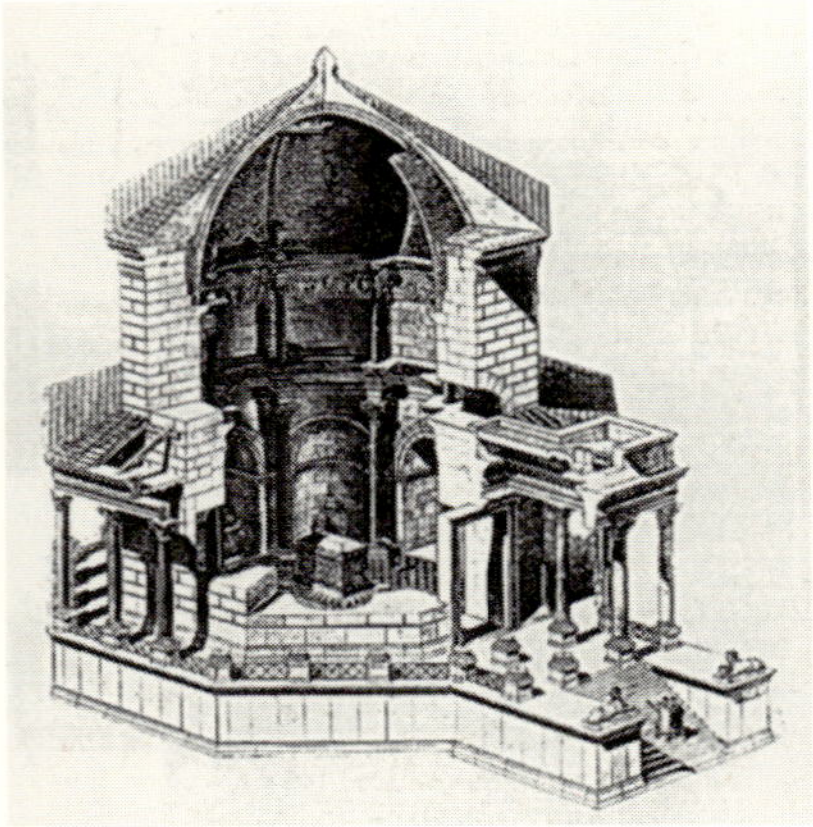

◉— 209　ディオクレティアヌス帝廟の内部復元図

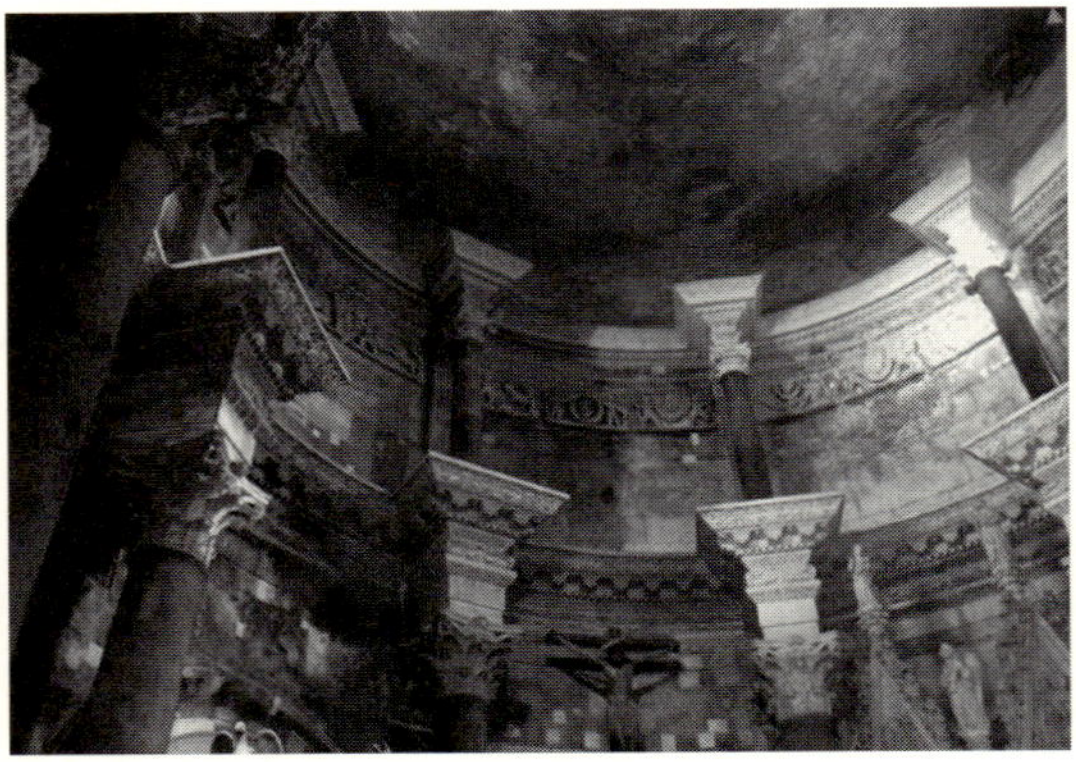

◉— 208　ディオクレティアヌス帝廟

◉—211
ディオクレティアヌス宮殿の現状

に組み込まれています［▼図211］。

スピルトはローマ帝国時代にダルマティアの州都であったサロナ（現クロアチア・ソリン）のすぐ近くに位置しています。ディオクレティアヌス帝はこの郷土の町サロナに娘のワレリアと同じ名前を付けていました。ここの遺跡で二〇〇二年に行われた発掘調査の際に二つの大理石が出土しました。これらは元来一体のものが二つに切断されて水路の護岸に再利用されていたのでした。そこには次のような碑文が彫りこまれています［▼図212］。

いとも高貴なる女性、アウレリア・プリスカの

従ってこれはプリスカ妃の彫像の台座であったことが分かります。残念ながら彫像そのものは見つかっていません。この碑文

◉—212　プリスカ妃の彫像台座

◉—210　ディオクレティアヌス帝の石棺破片

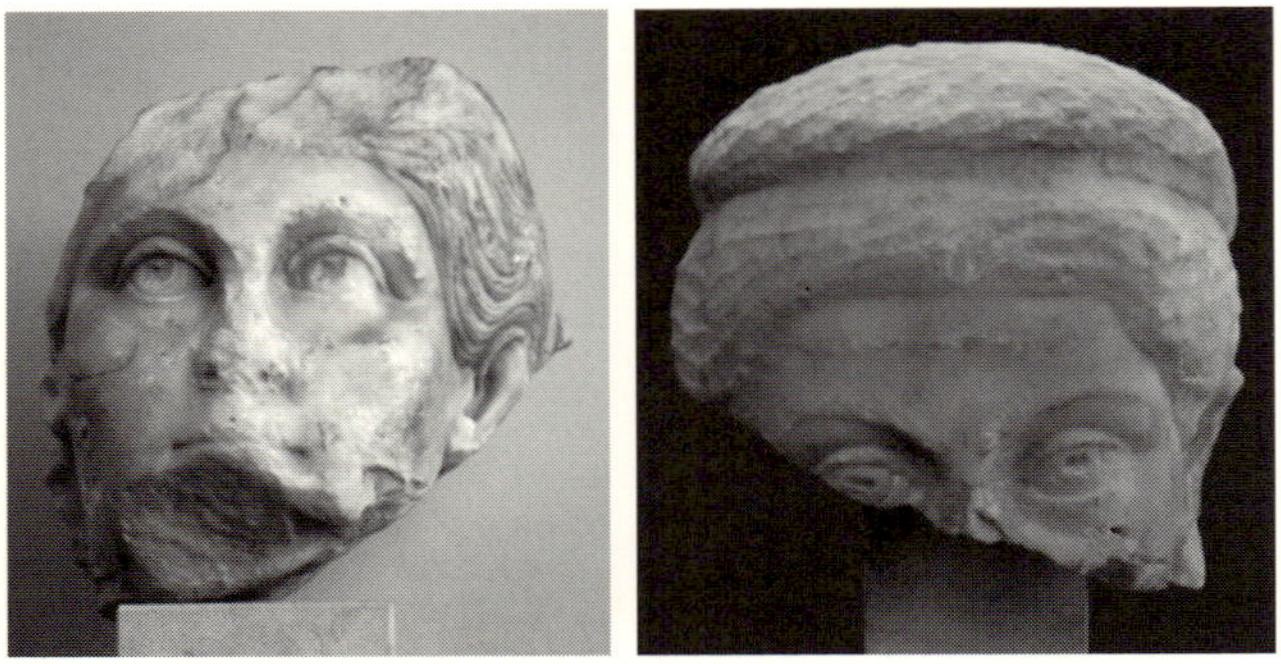

◉—213　プリスカ妃かワレリア妃の彫像断片

から明らかになったのは、彼女はディオクレティアヌス帝の妃であったにもかかわらず、娘のワレリア妃がローマ皇帝妃の尊称「アウグスタ（荘厳なる女性）」と呼ばれていたのに対して〔図202〕のコインにAUG〔USTA〕）、母親の方は下位の尊称「いとも高貴なる女性」で呼ばれていたことです。彼女は出自が皇女ではなかったためと思われます。彼女のコインも発行されていません。

スピルトの考古学博物館にはサロナ出土と伝わる、ひどく破損した高貴な女性の彫像頭部の断片が二点保存されています〔▼図213〕。これらは三世紀末から四世紀初めの作品と考えられていますので、若い頃のプリスカ妃か、あるいは娘のワレリア妃の彫像と思われますが、特定はできません。スピルト考古学博物館のサーニャー・イヴチェヴィチさんから聞いた話では、ハンマーのようなもので意図的に強打されているとのことですので、これは彼女達を処刑した

◉—214　ディオクレティアヌス帝のレリーフ

リキニウス帝の仕業だったのかも知れません。

目をディオクレティアヌス帝廟に戻すと、天井近くの小壁には彼のレリーフ［▼図214］が当時の状態で残っています。そこには現在でも晩年のプリスカ妃の優しげなレリーフも見られます［▼図215］。リキニウス帝といえどもここまでは手を出すことができなかったのでしょう。彼女もまた、娘のワレリア妃と同様に、「栄誉と永生と称賛と高潔と勝利を永遠に有している」と言えるのではないでしょうか。

◉——215　プリスカ妃のレリーフ

あとがき

本書は聖ゲオルギウス伝説を二十一世紀からさかのぼって四世紀に至るまで探究するという、逆順の歴史書でしたので、読者に混乱を招かせる所があったかも知れません。そこで最後にまとめとして古代から現代に至る流れを、補足説明を加えながら述べたいと思います。

ローマ帝国末期の三〇三年から七年の間、猛威をふるった「キリスト教徒大迫害」はキリスト教会にとって最後の、しかし最も過酷な試練でした。この大迫害を生き抜いたキリスト教会はその経験と信念を『聖ゲオルギウスの受難』という書物に託して、世に訴えました。ここには無数の殉教者達が一人の聖人ゲオルギウスに代表されています。ゲオルギウスという聖人名は三六二年にアレクサンドリアで異教徒によって惨殺されたアリオス派総主教、カッパドキアのゲオルギオスから採られたと考えられます。

最初の聖ゲオルギウス殉教伝がギリシア語で執筆された四世紀後半という時代は、カトリック派（正統派）とアリオス派と異教が三つ巴になって熾烈な抗争を繰り広げていた、厳しい宗教情勢の時代でした。従って聖ゲオルギウスの受難と殉教に全く関係しない荒唐無稽な竜退治話をギリシア神話から取り入れる余地も必要性もありませんでした。

ところが五／六世紀になると早くも竜／ヘビを退治する聖ゲオルギウス像が出現します。ただしこの竜／ヘビの顔は人面であり、これによって蛇蝎《だかつ》のように忌み嫌われた迫害者が意図されていました。迫害者を竜／ヘビ扱いする直接の切っ掛けは、聖ゲオルギウスが殉教伝の中で迫害者に浴びせた「年老いた竜よ」という罵言にありました。このような人面ヘビを退治する武人の構図の方は五世紀のローマ皇帝のコインから採られたものでした。これが続く六／七世紀になると完全な竜／ヘビに取り換えられます。この時点でもまだ王女の救出はテーマではありませんでした（I型竜退治）。マントをひらめかせて槍で竜退治する騎馬武者の構図はギリシア・ローマ以来の伝統的な英雄的戦士の理想像（グレコローマンアタック）を受け継いでいます。

殉教者聖ゲオルギウスは既に早くから西ヨーロッパにも知られていましたが、十一世紀になると第一次十字軍の参加者を介してキリストの戦士としての聖ゲオルギウスが西ヨーロッパに紹介されて、彼は騎士の鑑として称賛されます。

同じ十一世紀にジョージアで聖ゲオルギウスの竜退治像に大きな変革が生じます。ここで初めて竜を退治して王女を救出するII型の竜退治伝説が生まれ、画像化されました。その際に影響を受けたのはギリシア神話のペルセウス・アンドロメダ物語等からでした。このII型の竜退治は十三世紀の『黄金伝説』によってヨーロッパ中に広まります。そして特にルネサンスの芸術家達はこれを格好の題材と見て、数多くの優れた作品を生み出しました。

その後も聖ゲオルギウスは殉教者やキリストの戦士としてよりも王女救出の竜退治者として今日まで絶大な人気を博しています。このような人気の背景にあるのは、新約聖書には見られない、悪を懲らしめる超人的な英雄「神話」を欲求するキリスト教徒達の普遍的な民衆心理だったのではないでしょうか。聖ゲオルギウスこそはその誕生の経緯から見てもこれに最もうってつけの「人物」でした。

本書では「聖ゲオルギウスの受難」という表現が頻出するので、読者の中にはイエス・キリスト以外に「受難」を使用することに違和感を覚えた人もいるかも知れません。「苦難」という訳語もあり得たのですが、筆者が聖ゲオルギウスにも敢えて「受難」という言葉を用いた理由は次の通りです。

1 聖ゲオルギウスのラテン語訳殉教伝には、英語の passion の元になった passio が使われていること。
2 英和辞典では passion に「キリストの受難」と、やや古義ながら「殉教者の受難」の意味も挙がっていること。
3 筆者以前の聖人伝研究者の中にも殉教聖人に「受難」を使用した人がいること。

＊

本書の執筆に際しては以下の方々から貴重な情報や画像の提供を受けました。改めて感謝申し上げます。

ŽivkoBacic Bačić
ECO HVAR, Jelsa, Croatia

Dr. Radoslav Bužančić
Ministry of Cuture of Croatia, Conservation Department Split, Croatia

Andrea Bußmann
Rheinisches Landesmuseum für Archäologie, Kunst- und Kulturgeschichte, Bonn

Krastyu Chukalev
National Institute of Archaeology with Museum, Sofia, Bulgaria

Dr. Cäcilia Fluck
Skulpturensammlung und Museum für Byzantinische Kunst
Staatliche Museen zu Berlin - Stiftung Preußischer Kulturbesitz, Berlin

Peter Ford
Archives and Heritage Research Assistant, The Scout Association, London

Mag. Elmar Fröschl
Institut für Numismatik und Geldgeschichte der Universität Wien

Dr. Nikolaos Fyssas
Sinaitic Archive of Monuments, Mount Sinai Foundation, Athens

Krassimir Georgiev
National Institute of Archaeology with Museum, Sofia, Bulgaria

Vivian Grisogono
ECO HVAR, Jelsa, Croatia

Christine van Hoof
Alte Geschichte - Altertumswissenschaften, Universität des Saarlandes, Saarbrücken, Germany

Kiril Hristoskov
Thrace Foundation, Sofia, Bulgaria

Dr. Despina Ignatiadou
Sculpture Collection, The National Archaeological Museum, Athens

Mr. Sc. Sanja Ivčević
Archaeological Museum in Split, Croatia

Angel Kabakchiev
Thrace Foundation, Sofia, Bulgaria

Prof. Dr. Elias Kapetanopoulos
Department of History, Central Connecticut State University, New Britain, CT, USA

Dr. Ute Klatt
Römisch-Germanisches Zentralmuseum, Leibniz-Forschungsinstitut für Archäologie, Mainz, Germany

Dr. Klaus Georg Kokkotidis
Archäologie des Mittelalters, Landesmuseum Württemberg, Stuttgart, Germany

Rainer Kretz
Child Okeford, Dorset, Great Britain

Raphaël Lançon
Département de la reproduction, Bibliothèque nationale de France, Paris

Andreas Meckel
Freiburg im Breisgau, Germany

Götz-Martin Rosin
Kaukasische Post, Tiflis, Georgia

PD Dr. Agnes Schwarzmaier
Antikensammlung Altes Museum, Staatliche Museen zu Berlin – Preußischer Kulturbesitz, Berlin

Tonći Seser
Archaeological Museum in Split, Croatia

Ryuuji Shikaku
Okayama Orient Museum, Okayama, Japan

Prof. Dr. Theodosia Stefanidou-Tiveriou
School of History and Archaeology, Faculty of Philosophy, Aristotle University of Thessaloniki, Greece

Ed van der Vlist
Koninklijke Bibliotheek, National Library of the Netherlands, Amsterdam

Prof. Dr. Emmanuel Voutiras
School of History and Archaeology, Faculty of Philosophy, Aristotle University of Thessaloniki, Greece

Prof. Dr. Rainer Warland
Institut für Archäologische Wissenschaften (IAW), Abt. Christliche Archäologie und Byzantinische Kunstgeschichte
Albert-Ludwigs-Universität Freiburg, Germany

Dr. Astrid Wenzel
Badisches Landesmuseum, Karlsruhe, Germany

最後になりましたが、八坂書房編集部の八尾睦巳氏に深甚の謝意を表したいと思います。八尾氏が拙稿を忍耐強く精読して、色々な問題点を指摘して下さったお蔭で、筆者が予想していた以上に素晴らしい本に仕上がりました。本書がキリスト教文化の理解に多少なりとも寄与できれば私達には喜ばしい限りです。

髙橋輝和

二〇一七年十月、岡山

関連書籍のごあんない

表示価格は税別価格です

図説　聖人事典

オットー・ヴィマー著／藤代幸一訳　4800円

本邦初の本格的な図版入り聖人事典誕生！　西洋の文化理解に不可欠な、キリスト教の主要諸聖人についての、基本的な情報を網羅。とりわけ美術作品などを鑑賞する際に重要な、各聖人を特徴づけるシンボルや標章に焦点をあて、豊富な図版例とともにわかりやすく解説する。

図説　聖人と花

グラディス・テイラー著／栗山節子訳　2200円

古代より人々は樹木を崇拝し、身近な草花を神に捧げて礼拝していた。異教の地にキリスト教がもたらされた時、聖なる草木は聖人たちを彩るものへと役目を代えた。受難の花：トケイソウ、聖母の涙：スズラン、天使の植物：アンゼリカなど、78聖人と160種の植物を取り上げ、奇跡の物語を綴る。

フランスの聖者たち　―古寺巡礼の手帖

渡邊昌美著　2800円

サン・ドゥニ、モン・サン・ミシェル、コンクなど、中世フランスに栄えた大小の霊場を巡り、聖者崇拝の遺物や記録の背後に見え隠れする信仰と生活の実像を鮮やかに捉えた名著、待望の新版。再刊にあたり図版を一新し、また小説家小川国夫とのサンチャゴ巡礼をめぐる対談を併録。

図説　ヨーロッパ歳時記　―ドイツの年中行事

福嶋正純・福居和彦著　2800円

クリスマス、ハロウィン、イースターなど、日本でもおなじみの祝祭にまつわる意外な由来や背景を満載！　キリスト教の教会暦にしたがいながらも、生活の知恵や俗の楽しみ、土着の習俗などにより、季節感豊かに彩られた中央ヨーロッパの一年を、民俗学的に貴重な図版の数々とともに紹介する。

［著者略歴］

髙橋 輝和（たかはし・てるかず）

1944年生まれ、岡山大学名誉教授、博士（文学）
ドイツ・ゲルマン言語文化論専門
主要著書
『ゴート語入門』クロノス 1982年、改訂増補版 1999年
『古高独語詩「ゲオルクの歌」の研究』岡山大学文学部 1990年
『古期ドイツ語文法』大学書林 1994年
『シーボルトと宇田川榕菴―江戸蘭学交遊記』平凡社 2002年
『古期ドイツ語作品集成』渓水社 2003年
『丸亀ドイツ兵捕虜収容所物語』えにし書房 2014年
『ドイツ語の様相助動詞―その意味と用法の歴史』ひつじ書房 2015年
共訳書
ヘルムート・ギッパー著（寺川央／木村鈴子／髙橋輝和訳）
『言語学の基礎概念と研究動向』三修社 1986年、第2版 2003年
受賞歴
1975年 ドイツ語学文学振興会奨励賞
2017年 日本独文学会賞

聖人と竜―図説 聖ゲオルギウス伝説とその起源

2017年10月27日　初版第1刷発行

著　者　髙　橋　輝　和
発行者　八　坂　立　人
印刷・製本　モリモト印刷（株）

発行所　（株）八　坂　書　房
〒101-0064　東京都千代田区猿楽町1-4-11
TEL.03-3293-7975　FAX.03-3293-7977
URL.：http://www.yasakashobo.co.jp

落丁・乱丁はお取り替えいたします。　無断複製・転載を禁ず。

© 2017 Terukazu Takahashi
ISBN 978-4-89694-241-5

参考文献

アットウォーター、ドナルド／ジョン、キャサリン・レイチェル（山岡健訳）『聖人事典』東京 1998.
アポロドーロス（高津春繁訳）『ギリシア神話』東京 1953.
アミアヌス『歴史』→ Ammianus Marcellinus "Res gestae a fine Corneli Taciti"
『馬のコイン展一大英博物館秘蔵』東京 1990.
『馬のシルクロード一馬と馬文化・遥かなる道』東京 2007.
ヴィマー、オットー（藤代幸一訳）『図説 聖人事典』東京 2011.
エウセビオス（秦剛平訳）『教会史』全 3 巻. 東京 1986 — 1988.
エウセビオス（秦剛平訳）『コンスタンティヌスの生涯』京都 2004.
オウィディウス（田中秀央／前田敬作訳）『転身物語』京都 1966.
カーペンター、T. H.（眞方陽子訳）『図像で読み解くギリシア神話』京都 2013.
カウフマン『キリスト教考古学便覧』→ Kaufmann, Carl Maria "Handbuch der christlichen Archäologie"
カエサル（國原吉之助訳）『ガリア戦記』東京 1994.
金子厚『セント・ジョージ切手の紹介』改訂第 2 版、越谷 1995.
樺山紘一「欧人異聞一勇士の象徴、聖ゲオルギウス」In: 日本経済新聞 2013 年 2 月 24 日.
加茂儀一『騎行・車行の歴史』東京 1980.
川又正智『ウマ駆ける古代アジア』東京 1994.
ギボン、エドワード（中野好夫他訳）『ローマ帝国衰亡史』全 11 巻 . 東京 1976–1993.
ギボン、エドワード（吉村忠典／後藤篤子訳）『図説ローマ帝国衰亡史』東京 2004.
『キリスト教人名辞典』東京 1986.
クィズラソフ、I. L.「鐙の起源について」In: 林俊雄編訳『中世初期ユーラシア草原における馬具の発達』東京 1988、3–17.
クセノポン（松平千秋訳）『アナバシスーキュロス王子の反乱・ギリシア兵一万の遠征』東京 1985.
クセノポン（田中秀央／吉田一次訳）「馬術について」In: 荒木雄豪編『クセノポーンの馬術』東京 1995, 3–50.
クラットン=ブロック、ジュリエット（桜井清彦監訳／清水雄次郎訳）『図説・馬と人の文化史』東京 1997.
呉茂一『ギリシア神話』東京 1969.
高晟埈（Ko, Seong-Jun）「聖ゲオルギオスの奇跡伝一イクヴィ（グルジア）、ツミンダ・ギオルギ聖堂北翼廊の壁画を中心に」In: 新潟県立万代島美術館研究紀要 1, 2006, 27–37.
コーネル、ティム／マシューズ、ジョン（平田寛監修／小林雅夫訳）『古代のローマ』東京 1985.
『古代トラキア黄金展一バルカンに輝く騎馬民族の遺宝一岡山市市制 90 周年記念』岡山 1979.
児島康宏『ニューエクスプレス・グルジア語』東京 2011.
サイドボトム、ハリー（吉村忠典／澤田典子訳、澤田典子解説）『ギリシャ・ローマの戦争』東京 2006.
佐藤信夫／飯島紀『グルジア語文法』東京 2003.
塩野七生『ローマ人の物語』全 15 巻 . 東京 1992–2006.
シュテッフェン、ウーヴェ（村山雅人訳）『ドラゴン一反社会の怪獣』東京 1996.
『正倉院展一第 62 回』奈良 2010.
『正倉院宝物一南倉』東京 1989.

ジョーンズ、A. H. M.（戸田聡訳）『ヨーロッパの改宗―コンスタンティヌス《大帝》の生涯』東京 2008.
「ジョージアワイン　世界へ「仕込み」」In: 朝日新聞大阪本社版 2015 年 7 月 5 日.
『シルクロード・コイン美術展―平山郁夫コレクション』東京 1992.
『シルクロードの遺宝―古代・中世の東西文化交流』東京 1985.
『新カトリック大事典』5 巻 . 東京 1996–2009.
末崎真澄『馬と人間の歴史―考古美術に見る』東京 1996.
杉富士雄『「聖女フォアの歌」とその研究』東京 1966.
ゼーリ、フェデリコ（大橋喜之訳）『ローマの遺産―〈コンスタンティヌス凱旋門〉を読む』東京 2010.
『世界美術全集・西洋編第 6 巻・ビザンティン美術』東京 1997.
『世界美術全集・東洋編第 16 巻・西アジア』東京 2000.
『世界美術全集・東洋編第 17 巻・イスラム』東京 1999.
関川泰寛『アタナシオス神学の研究』東京 2006.
『戦争の表象―東京大学情報学環所蔵第一次世界大戦期プロパガンダ・ポスターコレクション』東京 2006.
相馬隆「安息式射法雑考」In: 史林 53, 1970, 92–113.
相馬隆「輪鐙源流考」In: オリエント 14, 1972, 1–22.
ソレル、エティエンヌ（吉川昌造／鎌田博夫訳）『乗馬の歴史―起源と馬術論の変遷』東京 2005.
髙橋輝和『ゴート語入門』東京 1982, 改訂増補版 1999.
髙橋輝和「「ゲオルクの歌」の原文と構成」In: 岡山大学文学部紀要 10, 1988, 69–94.
髙橋輝和『古高独語詩「ゲオルクの歌」の研究』岡山 1990.
髙橋輝和『古期ドイツ語作品集成』広島 2003.
橘勝士「グルジアのワインと文化」In: 日本醸造協会誌 95, 2000, 651–657.
『中国美術全集（工芸編）6、染織刺繍（I）』京都 1996.
『世界四大文明―中国文明展』東京 2000.
辻原康夫『早わかり・世界の国ぐに』東京 2004.
デュロゼル、J.-B.（大岩誠／岡田徳一訳）『カトリックの歴史』東京 1974.
豊田浩志「『大迫害』直前のローマ帝国とキリスト教―ラクタンティウス史料を中心として」In: 美作大学紀要 12, 1979, 15–29.
豊田浩志「『大迫害』直前のローマ帝国とキリスト教―エウセビオス史料を中心として」In: 美作大学紀要 13, 1980, 12–22.
豊田浩志「ディオクレティアヌスのキリスト教大迫害―勃発原因をめぐって」In: 上智史学 37, 1988, 235–259; 38, 1989, 63–98; 41, 1996, 1–32.
『トラキア黄金展―バルカンに輝く謎の騎馬民族』東京 1994.
新田一郎『キリスト教とローマ皇帝』東京 1980.
秦剛平『美術で読み解く聖人伝説』東京 2013.
林俊雄「鞍と鐙」In: 創価大学人文論集 8, 1996, 53–97.
ハラム、エリザベス（鏡リュウジ／宇佐和通訳）『聖者の事典』東京 1996.
パロ、アンドレ（小野山節／中山公男訳）『アッシリア』東京 1965.
船越一幸『守護聖人の世界―ヤコブス・デ・ウォラギネ『黄金伝説』を読む』東京 2010.
『プルターク英雄伝』（河野与一訳）全 12 冊、東京 1952–1956 .
プルタルコス（城江良和訳）『英雄伝 4』京都 2015.
ブルーム、ジョナサン／ブレア、シーラ（桝屋友子訳）『イスラーム美術―岩波世界の美術』東京 2001.
ベーデン=パウエル、ロバート（ボーイスカウト日本連盟訳）『スカウテイング フォア ボーイズ』東京 1957.
『ペルシャ文明展―煌めく 7000 年の至宝』東京 2006.
保坂高殿『ローマ帝政中期の国家と教会―キリスト教迫害史研究 :193–311 年』東京 2008.

堀内一徳「中世前期における騎士の戦術と武装」In: 奈良史学 10, 1992, 112–126.
堀越宏一「中世ヨーロッパにおける騎士と弓矢」In: 武士と騎士―日欧比較中近世史の研究 . 京都 2010, 55–88.
ホワイト Jr.、リン（内田星美訳）『中世の技術と社会変動』東京 1985.
『マウリキオス帝の兵法』→ Das Strategikon des Maurikios
増田精一「鐙考」In: 史学研究（東京教育大学文学部）81, 1971, 1–33.
松本宣郎『キリスト教徒大迫害の研究』東京 1991.
松本宣郎「煽動家としての司教たち―アタナシオスの場合」In:『支配における正義と不正 : ギリシアとローマの場合』東京 1994, 197–220.
南川高志『ユリアヌス―逸脱のローマ皇帝』東京 2015.
『南ロシア騎馬民族遺宝展―ヘレニズム文明との出会い』東京 1991.
弓削達「マクセンティウスとコンスタンティヌス」In: 一橋論叢 28, 1952, 436–466.
ヤコブス・デ・ウォラギネ（前田敬作他訳）『黄金伝説』全 4 巻 . 京都 1979–1987.
ヨセリアン『簡略ジョージア教会史』→ Ioselian "A Short History of the Georgian Church"
ラクタンティウス『迫害者らの死に様』→ Lactantius "De mortibus persecutorum"
ランソン、ベルトラン（大清水裕訳）『コンスタンティヌス―その生涯と治世』東京 2012.
リュイナール『殉教者行伝』→ "Acta martyrum. P. Theodorici Ruinart opera ac studio collecta, selecta, atque illustrata"
レーヴィ、ピーター（平田寛監修／小林雅夫訳）『古代のギリシア』東京 1984.
レミィ、ベルナール（大清水裕訳）『ディオクレティアヌスと四帝統治』東京 2010.
『ローマ皇帝伝抄録』→ "Epitome de caesaribus"
『ワレシアヌス抜粋』→ Excerpta valesiana
"Acta martyrum. P. Theodorici Ruinart opera ac studio collecta, selecta, atque illustrata". Verona 1731.
Addington, C./ Foy, H. 'St George of England: a sudy of sainthood and legend'. In: Journal of the Royal Society of Medicine 82, 1989, 434–435.
"Aghtamar. A Jewel of Medieval Armenian Architecture". Istanbul 2010.
"Ammianus Marcellinus in Three Volumes". With an English translation by John C. Rolfe. London 1939–1950.
"Ammianus Marcellinus: The Later Roman Empire (AD 354–378)". Selected and translated by Walter Hamilton. With an introduction and notes by Andrew Wallace-Hadrill. London 1986.
Anderson, Alastair Scott "Roman Military Tombstones". Aylesbury 1984.
Andert, Reinhold "Der fränkische Reiter". Leipzig 2006.
Aufhauser, Johannes B. "Das Drachenwunder des heiligen Georg in der griechischen und lateinischen Überlieferung". Leipzig 1911.
"Ausführliches Lexikon der griechischen und römischen Mythologie". 7 Bände. Leipzig 1884–1937.
"Die Baar als Königslandschaft. Tagungen des Alemannischen Instituts vom 6.–8. März 2008 in Donaueschingen". Herausgegeben von Volkhard Huth und R. Johanna Rebnath. Ostfildern 2010.
Barceló, Pedro A. "Constantius II. und seine Zeit: die Anfänge des Staatskirchentums". Stuttgart 2004.
Bažant, Jan 'St George at Prague Castle and Perseus: an Impossible Encounter?' In: Studia Hercynia 19, 2015, 189–201.
Belamarić, Joško "The Coast. A Cultural and Historical Guide to the Coast of the Split-Dalmatia County". Split 2010.
Biller, Max "Peißenberger Heimat-Lexikon. Geschichte und Gegenwart von A bis Z". Zweite erweiterte Auflage. Peißenberg 1984.
Bivar, A. D. H. 'The Stirrup and its Origins' In: Oriental Art 1, 1955, 61–68.

Blass-Simmen, Brigit "Sankt Georg, Drachenkampf in der Renaissance: Carpaccio – Raffael – Leonardo". Berlin 1991.

Boardman, John "Greek Gems and Finger Rings: Early Bronze Age to Late Classical". London 1970.

Böhner, Kurt 'Die Reliefplatten von Hornhausen' In: Jahrbuch des Römisch-Germanischen Zentralmuseums Mainz 23/24, 1976/1977, 89–138, Tafel 13–36.

Böhner, Kurt 'Die frühmittelalterlichen Silberphaleren aus Eschwege (Hessen) und die nordischen Pressblech-Bilder' In: Jahrbuch des Römisch-Germanischen Zentralmuseums Mainz 38, 1991, 681–743, Tafel 55–68.

Böhner, Kurt 'Die Goldscheibe von Pliezhausen' In: 900 Jahre Pliezhausen, 1992, 7–17.

Böhner, Kurt/Quast, Dieter 'Die merowingerzeitlichen Grabfunde aus Pliezhausen, Kreis Reutlingen' In: Fundberichte Baden-Württemberg 19, 1994, 383–419.

Bonnel, John A. 'The Serpent with a Human Head in Art and in Mystery Play. In: American Journal of Archaeology 21, 1917, 255–291.

Bonner, Campbell "Studies in Magical Amulets, Chiefly Graeco-Egyptian" Michigan 1950.

Boteva, Dilyana 'The Heros of the Thracian Iconic Narrative: A Data Base Analysis'. In: Thrace and the Aegean. Sofia 2002, 817–821.

Boteva, Dilyana 'The 'Thracian Horseman' reconsidered'. In: Early Roman Thrace: New Evidence from Bulgaria. Portsmouth 2011, 84–105.

Brather-Walter, Susanne "Zum 100-jährigen Jubiläum: Ausgewählte Stücke aus unserer Sammlung im Stadtmuseum: Alamannische Reiterscheibe". Geschichts- und Altertumsverein Esslingen am Neckar e. V. 2008.

Braunfels-Esche, Sigrid "Sankt Georg. Legende, Verehrung, Symbol". München 1976.

Brincken, Anna-Drothee von den "Die Nationes Christianorum Orientalium im Verständnis der lateinischen Historiographie: Von der Mitte des 12. bis in die zweite Hälfte des 14. Jahrhunderts". Köln 1973.

Brodersen, Kai "Pomponius Mela: Kreuzfahrt durch die Alte Welt". Zweisprachige Ausgabe. Darmstadt 1994.

Brodersen, Kai "Gaius Iulius Solinus: Wunder der Welt". Lateinisch und deutsch". Darmstadt 2014.

Brooks, E. W. "Acts of Saint George". Reprint of the edition 1925. Piscataway 2006.

Burrows, E. 'The Name of St George and Agriculture'. In: The Journal of Theological Studies 40, 1939, 360–365.

Bužančić, Radoslav/Grisogono, Vivian 'Diocletian's Palace, A New Look'. (http://www.eco.hvar.com/en/environment-articles/item/120; "Current WorldArchaeology", issue 71, May 2015)

Clauss, Manfred 'Die Frauen der diokletianisch-konstantinischen Zeit' In: Die Kaiserinnen Roms. Von Livia bis Theodora. München 2002, 340–369.

Cohen, Henry "Description historique des monnais: frappées sous l'empire Romain communément appelées médailles impéres". 7 tomes. Paris/Londres 1880–1892.

Collins, Michael "St George and the Dragons: The Making of English Identity". London 2012.

Crawford, Michael H. "Roman Republican Coinage". 2 vols. Cambridge 1974.

Curta, Florin 'The earliest Avar-age stirrups, or the "stirrup controversy" revisited'. In: The Other Europe in the Middle Ages: Avars, Bulgars, Khazars, and Cumans, Leiden/Boston 2008, 297–325.

Daneshvali, Abbas 'The Iconography of the Dragon in the Cult of the Saints of Islam'. In: Manifestations of Sainthood in Islam. Istanbul 1993, 15–25.

Davies, J. G. "Medieval Armenian Art and Architecture. The Church of the Holy Cross, Aght'amar". London 1991.

Deckers, Johannes Georg 'Die Anfänge von Legende, Kult und Bild'. In: Sanct Georg. 2001, 43–53.

DelCogliano, Mark 'George of Laodicea: A Historical Reassessment'. In: Journal of Ecclesiastical History 62, 2011, 667–692.

DelCogliano, Mark 'The Literary Corpus of George of Laodicea'. In: Vigiliae Christianae 65, 2011, 150–169.

Didi-Hubermann, Georges (Übersetzt von K. Barck) 'Der heilige Georg – Die Umformung des menschlichen Fleisches in ein Bild'. In: Märtyrer-Porträts. Von Opfertod, Blutzeugen und heiligen Kriegern. Paderborn 2007, 155–157.

Didi-Hubermann, Georges/Garbetta, Riccardo/Morgaine, Manuela "Saint Georges et le dragon: versions d'une légende". Paris 1994.

Dimitrova, Nora 'Inscriptions and Iconography in the Monuments of the Thracian Rider'. In: Hesperia 71, 2002, 209–229.

Donner, Herbert 'St. Georg in den großen Religionen des Morgen- und Abendlandes'. In: Reformation und praktische Theologie: Festschrift für Werner Jetter zum siebzigsten Geburtstag. 1983, 51–60.

Dorsch, Klaus J. "Georgszyklen des Mittelalters: Ikonographische Studie zu mehrszenigen Darstellungen der Vita des hl. Georg in der abendländischen Kunst unter Einbeziehung von Einzelszenen des Martyriums". Frankfurt am Main 1983.

Ehrenberg, P. 'Betrachtungen über die Verwendung des Pferdes in der Frühzeit' In: Ethnographisch-Archäologische Forschungen 6, 1959, 7–33.

Endre, Tóth 'Zur Herkunft und Ikonographie der Scheibenfibeln der Keszthely-Kultur'. In: Zalai Múzeum 14, 2005, 183–202.

"Epitome de caesaribus. Libellus de vita et moribus imperatorum breviatus ex libris Sexti Aurelii Victoris. A Caesare Augusto usque ad Theodosium" (http://www.thelatinlibrary.com/victor.caes2.html)

"Excerpta valesiana". (http://www.loebclassics.com/view/excerpta_valesiana/1939/pb_LCL331.509.xml)

Fähnrich, Heinz "Kartwelisches etymologisches Wörterbuch" Leiden 2007.

Falke, Otto von "Kunstgeschichte der Seidenweberei". 2 Bde. Berlin 1913.

Feistner, Edith 'Reinbot von Durne: *Georgslegende*'. In: Interpretationen: Mittelhochdeutsche Romane und Heldenepen. Stuttgart, 2004, 311–325.

Fingerlin, Gerhard 'Die ältesten christlichen Bilder der Alamannia. Zur Herkunft und Ikonographie der drei silbernen Phalerae aus dem Kammergrab von der "Gierhalde" in Hüfingen, dem Hauptort der frühmittelalterlichen Baar'. In: Die Baar als Königslandschaft. Tagungen des Alemannischen Instituts vom 6.–8. März 2008 in Donaueschingen. Herausgegeben von Volkhard Huth und R.Johanna Rebnath. Ostfildern 2010, 25–46.

Franke, Peter R./Hirmer, Max "Die griechische Münze". 2., überarbeitete Auflage. München 1972.

Frankfurter, David "Religion in Roman Egypt – Assimilation and Resistance". Princeton 1998.

Frel, Jiří/Kingsley, Bonnie M. 'Three Attic Sculpture Workshops of the Early Fourth Century B.C.' In: Greek, Roman, and Byzantine Studies 11, 1970, 197–218.

Friedrich, J. 'Der geschichtliche Heilige Georg.' In: Sitzungsberichte der bayerischen Akademie der Wissenschaften zu München, phil.-hist. Abteilung 2, 1899, 159–203.

Gardner, Laurence 'The mysterious identity of Saint George'. (http://www.goldenageproject.org.uk)

Gardner, Percy "Catalogue of Greek coins: Thessary to Aetolia (A Catalogue of the Greek coins in the British Museum, Vol. 17)". London 1883.

Gerassimov, Todor 'Une fausse monnaie Péonienne' In: Bulletin de l'Institut d'Archéologie 27, 1964, 249–251.

Gibbon, Edward "The History of the Decline and Fall of the Roman Empire". Edited in seven volumes with introduction, notes, and appendices and index by J. B. Bury. Methuen 1896–1900.

Gnecchi, Francesco "I Medaglioni Romani". 3 vol. Milano 1912.

Gordon, E. O. "Saint George. Champion of Christendom and Patron Saint of England". Bloomsbury 1907.

Grotowski, Piotr 'The Legend of St George Saving a Youth from Captivity and its Depiction in Art' In: Series Byzantina 1, 2003, 27–77.

Haubrichs, Wolfgang "Georgslied und Georgslegende im frühen Mittelalter. Text und Rekonstruktion". König-

stein 1979.

Haubrichs, Wolfgang "Die Kultur der Abtei Prüm zur Karolingerzeit. Studien zur Heimat des althochdeutschen Georgsliedes". Bonn 1979.

Haubrichs, Wolfgang 'Georg, Heiliger'. In: Theologische Realenzyklopädie, Bd. 12. 1984, 380–385.

Haubrichs, Wolfgang 'Zur Rezeption der Georgslegende und des althochdeutschen Georgsliedes'. In: Deutsche Literatur und Sprache von 1050–1200: Festschrift für Ursula Hennig zum 65. Geburtstag. 1995, 71–92.

Haubrichs, Wolfgang 'Variantenlob – Variantenfluch? Aspekte der Textüberlieferung der Georgslegende im Mittelalter'. In: Zur Überlieferung, Kritik und Edition alter und neuerer Texte: Beiträge des Coloquiums zum 85. Geburtstag von Werner Schröder am 12. und 13. März 1999 in Mainz. 2000, 143–159.

Haubrichs, Wolfgang 'Georgslegende, Georgsverehrung und Georgslied im westlichen Mittelalter'. In: Sanct Georg. 2001, 57–63.

Hengstenberg, Willy 'Der Drachenkampf des heiligen Theodor'. In: Oriens Christianus 2, 1912, 78–106, 241–280; 3, 1913, 135–137.

Holt, Frank L. "Alexander the Great and the Mystery of the Elephant Medallions". Berkeley/Los Angeles/London 2003.

"Holy Image, Hallowed Ground. Icons from Sinai". Edited by Robert S. Nelson and Kristen M. Collins. Los Angeles 2006.

Howell, David 'St. George as Intercessor'. In: Byzantion: Revue Internationale des Études Byzantines 39, 1969, 121–136.

Iamanidze, Nina 'The Dragon-Slayer Horseman from its Origins to the Seljuks: Missing Georgian Archaeological Evidence' In: Der Doppeladler: Byzanz und die Seldschuken in Anatolien vom späten 11. bis zum 13. Jahrhundert", Mainz 2015, 97–110.

Iamanidzé, Nina "Saints cavaliers. Culte et images en Géorgie aux IVe-XIe siècles". Wiesbaden 2016.

Ioselian, Plato "A Short History of the Georgian Church". Translated from the Russian and edited with additional notes by S. C. Malan. London 1866.

Jacobi, H. 'Hatten die Römer Steigbügel?' In: Germania 6, 1922, 88–93.

"Jacobus de Voragine. Legenda aurea. Lateinisch/Deutsch". Ausgewählt, übersetzt und herausgegeben von Rainer Nickel. Stuttgart 1988.

Jeličić-Radonić, Jasna 'AVRELIA PRISCA' In: Prilozi povijesti umjetnosti u Dalmaciji, 41, 2005–2007, 5–25 (http://hrcak.srce.hr/109683)

Jenkins, G. K./Küthmann, Harald "Münzen der Griechen". München 1972.

Jöckle, Clemens "Der heilige Georg. Legende, Verehrung und Darstellungen. Der edle, leuchtende Stern aus Kappadozien". Kehl 2002.

Johns, Jeremy 'Muslim Artists and Christian Models in the Painted Ceilings of the Cappella Palatina'. In: Romanesque and the Mediterranean: Points of Contact Across the Latin, Greek and Islamic Worlds c.1000 to c.1250", Leeds 2015, 59–89.

Karo, G. 'Archäologische Funde vom Sommer 1930 bis Juni 1931. Griechenland und Dodekanes'. In: Archäologischer Anzeiger 1931, Sp. 211–619.

Kaufmann, Carl Maria "Handbuch der christlichen Archäologie: Einführung in die Denkmälerwelt und Kunst des Urchristentums". 3., verm. u. veb. Aufl. Paderborn 1922.

Kazarow, Gawril (Translated by R. G. Austin) 'The Thracian Rider and St. George'. In: Antiquity: A Quarterly Review of Archaeology 12, 1938, 290–296.

Khintibidze, Elguja "The Designations of the Georgians and their Etymology". Tbilisi 1998.

Khintibidze, Elguja 'A New Theory on the Etymology of the Designations of the Georgians'. (http://www.

kartvfund.org.ge)

Kötting, B. 'Georg, hl.' In: Lexikon für Theologie und Kirche, Bd. 4. 1960, Sp. 690–692.

Kraus, Carl von "Der heilige Georg Reinbots von Durne. Nach sämtlichen Handschriften herausgegeben". Heidelberg 1907.

Kretz, Rainer 'Teutamados – A New King of Paionia' In: The Numismatic Circular 114, 2006, 259–264.

Krumbacher, Karl "Der Heilige Georg in der griechischen Überlieferung". München 1911.

Kuehn, Sara "The Dragon in Medieval East Christian and Islamic Art". Brill 2011.

Küster, Erich "Die Schlange in der griechischen Kunst und Religion". Gießen 1913.

Lactantius "De mortibus persecutorum" (http://www.thelatinlibrary.com/lactantius/demort.shtml)

Lewis, Suzanne 'The Iconography of the Coptic Horseman in Byzantine Egypt'. In: Journal of the American Research Center in Egypt, 10, 1973, 27–63, Fig. 1–38.

"Lexicon iconographicum mythologicae classicae". 8 vol., 2 ind. Zürich 1981–1997.

"Lexikon der christlichen Ikonographie". 8 Bde. Freiburg im Breisgau 1968–1976.

Lietzmann, Hans "Die drei ältesten Martyrologien". Bonn 1911.

Littauer, M. A./Crouwel, J. H. "Wheeled Vehicles and Ridden Animals in the Ancient Near East". Leiden/Köln 1979.

Ma, John 'Mysians on the Çan Sarcophagus? Ethnicity and Domination in Achaimenid Military Art' In: Historia: Zeitschrift für Alte Geschichte 57, 2008, 243–254.

Marasović, Tomislav (Translated by Sonia Wild-Bičanić) "Diocletian's Palace". Beograd 1982.

Marasović, Tomislav (Translated by Sonia Wild-Bičanić) "Diocletian's Palace – The World Cultural Heritage, Split-Croatia". Zagreb 1994.

Marazov, Ivan (Translated by Nedyalka Chakalova/Todor Shopov) "Thrace and the Ancient World – Vassil Bojkov Collection". Sofia 2011.

"The Martyrdom and Miracles of Saint George of Cappadocia". The Coptic texts edited with an English translation by Ernest A. Wallis Budge. London 1888.

Matzke, John E. 'Contributions to the History of the Legend of Saint George, with Special Reference to the Sources of the French, German and Anglo-Saxon Metrical Versions. In: PMLA 17, 1902, 464–535; 18, 1903, 99–171.

"Maurice's Strategikon. Handbook of Byzantine Military Strategy". Translated by George T. Dennis. Philadelphia 1984.

"Mediae Latinitatis Lexicon Minus/Lexique latin médiéval/Medieval Latin Dictionary/Mittellateinisches Wörterbuch". 2 vols. Leiden/Boston 2002.

Merkelbach, R. 'Drache'. In: Reallexikon für Antike und Christentum, Band 4, 226–250.

Merker, Irwin L. 'The Ancient Kingdom of Paionia' In: Balkan Studies 6, 1965, 35–54.

Meyer-Lübke, Wilhelm "Romanisches etymologisches Wörterbuch". Heidelberg 1992.

Murray, Alan V. 'Reinbot von Durne's *Der heilige Georg* as Crusading Literature'. In: Forum for Modern Language Studies, 22, 1986, 172–183.

"National Treasures of Georgia". London 1999.

Nawroth, M. 'Steigbügel'. In: Reallexikon der germanischen Altertumskunde. Bd. 29, 2005, 547–551.

Nersessian, Sirarpie Der "Aght'amar: Church of the Holy Cross". Cambridge, Mass. 1965.

"900 Jahre Pliezhausen 1092–1992: Heimat zwischen Neckar und Schönbuch". Pliezhausen 1992.

Pancaroğlu, Oya 'The Itinerant Dragon-Slayer: Forging Paths of Image and Identity in Medieval Anatolia'. In: GESTA 43, 2004, 151–164.

Papamastorakis, Titos 'Pictorial Lives. Narrative in thirteenth-century vita icons'. In: Mouseio Mpenaki 7, 2007,

33–65.
Pavlovska, Eftimija 'Tetradrachm of Tevtamad – The Unknown Paionian(?) Ruler'. In: Macedoniae Acta Archaeologica 19, 2004–2006, 185–191.
Pavlovska, Eftimija "The Coins of Paeonia from the Numismatic Collection of NBRM (National Bank of the Republic of Macedonia)". Skopje 2008.
Peters, John P./Thiersch, Hermann "Painted tombs in the necropolis of Marissa (Marēshah)". London 1905.
Privalova, Ekaterina Leonidovna "Pavisi". Tbilisi 1977.
Quast, Dieter 'Die merowingerzeitlichen Grabfunde aus Pliezhausen' In: 900 Jahre Pliezhausen, 1992, 19–26.
Riches, Samantha "St George. Hero, Martyr and Myth". Thrupp/Stroud/Gloucestershire 2000.
Riches, Samantha "St George. A Saint for All". London 2015.
Richter, Gisela M. A. 'Calenian Pottery and Classical Greek Metalware' In: American Journal of Archaeology 63, 1959, 241–249.
Rodenwaldt, G. 'Eine spätantike Kunstströmung in Rom' In: Mitteilungen des Deutschen Archäologischen Instituts. Römische Abteilung, 36/37, 1921/1922, 58–110.
"The Roman History of Ammianus Marcellinus". Translated by John C. Rolfe. London 1940.
"The Roman History of Ammianus Marcellinus: During the Reigns of the Emperors Constantius, Julian, Jovianus, Valentinian, and Valens". Translated by C. D. Yonge. London 1862.
Romer, F. E. "Pomponius Mela's Description of the World". Ann Arbor 1998.
Roos, Ervin 'Das Rad als Folter- und Hinrichtungswerkzeug im Altertum'. In: Opuscula Archaeologica 7, 1952, 87–108.
Rostovtzeff, Michael Ivanovitch "The social and economic history of the Hellenistic world". 3 vols. Oxford 1941.
Rusishvili, Nana "The Grapevine Culture in Georgia on Basis of Palaeobotanical Data". Tbilisi 2010.
"Sanct Georg. Der Ritter mit dem Drachen". Herausgegeben vom Diözesanmuseum für christliche Kunst des Erzbistums München und Freising. Lindenberg i. Allgäu 2001.
Schleiermacher, Mathilde "Römische Reitergrabsteine: Die kaiserzeitlichen Reliefs des triumphierenden Reiters". Bonn 1984.
Schmidt-Wiegand 'Georgslied'. In: Die deutsche Lieteratur des Mittelalters. Verfasserlexikon. Bd. 2. 1980, Sp. 1213–1216.
Scholz, Bernd E. 'Die paarweise-symmetrische Darstellung des Hl. Georg und des Hl. Theodor Stratelates zu Pferde in der Kunst von Byzanz und Georgien vom 10.–13. Jh.'. In: XVI. Internationaler Byzanzinisten-kongress Wien, 4.–9. Oktober 1981. Akten II/5, 243–253.
Schrade, Brigitta 'Byzantium and its eastern barbarians: the cult of saints in Svanet'i'. In: Eastern Approaches to Byzantium. Papers from the Thirty-third Spring Symposium of Byzantine Studies, University of Warwick, Coventry, March 1, 1999. Aldershot/Burlinton/Singapore/Sydney 2001, 169–197.
Schubert, Gabriella 'Der Heilige Georg und der Georgstag auf dem Balkan'. In: Zeitschrift für Balkanologie 12, 1985, 80–105.
Scott Fox, David "Saint George: The Saint with Three Faces". Berkshire 1983.
Seaby, H. A. "Greek Coins and their Values". 2nd edition, London 1966.
Sear, David R. "Greek Coins and their Values". 2 vols. London 1978–1979.
Seemüller, J. 'Studien zu den Ursprüngen der altdeutschen Historiographie'. In: Abhandlungen zur germanischen Philologie. Festgabe für Richard Heinzl. 1898, 279–353.
Ševčenko, Nancy Patterson 'The *Vita* Icon and the Painter as Hagiographer'. In: Dumbarton Oaks Papers 53, 1999, 149–165, Plates.
Sevinç, Nurten/Körpe, Reyhan/Tombul, Musa/Rose, Charles Brian/Strahan, Donna/Kiesewetter, Henrike/

Wallrodt, John 'A New Painted Graeco-Persian Sarcophagus from Çan' In: Studia Troica 1, 2001, 383–420.
Speidel, Michael P. "Ancient Germanic warriors: Warrior styles from Trajan's Column to Icelandic sagas". London/New York 2004.
Stefanidou-Tiveriou, Theodosia "To mikro toxo tou Galeriou sti Thessaloniki (Der "kleine Galeriusbogen" in Thessaloniki)" mit deutscher Zusammenfassung. Athenai 1995.
Stefanidou-Tiveriou, Theodosia 'The Great "Mounted Horseman" Relief from Thessaloniki'. In: Threpteria – Studies on Ancient Macedonia. Thessaloniki 2012, 143–169.
"Das Strategikon des Maurikios". Einführung, Edition und Indices von George T. Dennis, Übersetzung von Ernst Gamillscheg. Wien 1981.
Strzygowski, Josef 'Der koptische Reiterheilige und der hl. Georg'. In: Zeitschrift für ägyptische Sprache und Altertumskunde 40, 1902, 49–60.
Strohschneider, Peter '*Georius miles — Georius martyr*: Funktionen und Repräsentationen von Heiligkeit bei Reinbot von Durne'. In: Literarische Leben: Rollenentwürfe in der Literatur des Hoch- und Spätmittelalters. Festschrift für Volker Mertens zum 65. Geburtstag. Tübingen 2002, 781–811.
Szaivert, Eva und Wolfgang/Sear, David R. "Griechischer Münzkatalog". 2 Bde. München 1980–1983.
Taube von der Issen, Otto Freiherr von "Die Darstellung des heiligen Georg in der italienischen Kunst". Inaugural-Dissertation zur Erlangung der Doktorwürde der hohen Philosophischen Fakultät der vereinigten Friedrichs-Universität Halle-Wittenberg 1910.
"Die Tonikonen von Vinica. Frühchristliche Bilder aus Makedonien". München 1993.
Treister, Mikhail Yu. 'Silver Phalerae with a Depiction of Bellerophon and the Chimaira from a Sarmatian Burial in Volodarka (Western Kazakhstan). A Reappraisal of the Question of the So-Called Graeco-Bactrian Style in Hellenistic Toreutics'. In: Ancient Civilizations from Scythia to Siberia 18, 2012, 51–109.
Tschirch, Fritz 'Der heilige Georg als figura Christi'. In: Festschrift für Helmut de Boor. 1966, 1–19.
Vassileva, Maya 'Achaemenid Interfaces: Thracian and Anatolian representations of elite status' In: XVII International Congress of Classical Archaeology, Roma 2008 , 37–46 (Bollettino di Archeologia on line I 2010/ Volume speciale G / G1 / 4)
Vetter, Ferdinand "Der heilige Georg des Reinbot von Durne. Mit einer Einleitung über die Legende und das Gedicht". Halle 1896.
Voutiras, Emmanuel 'Le cadavre et le serpent, ou l'héroïsation manquée de Cléomène de Sparte'. In: Héros et héroïnes dans les mythes et les cultes grecs, Liège 2000, 377–394.
Wace, Henry/Piercy, William C./ Smith, William "A Dictionary of Christian Biography and Literature to the End of the Sixth Century AD.: With an Account of the Principal Sects and Heresies". Peabody, Mass. 1994.
Walter, Christopher 'The Thracian Horseman: Ancestor of the Warrior Saints?' In: Byzantinische Forshungen: Internationale Zeitschrift für Byzantinistik 14, 1989, 657–673.
Walter, Christopher 'The Intaglio of Solomon in the Benaki Museum and the Origins of the Iconography of Warrior Saints'. In: Deltion of the Christian Archaeological Society 15, 1989–1990, 33–42.
Walter, Christopher 'The Origin of the Cult of Saint George'. In: Revue des études byzantines, 53, 1995, 295–326.
Walter, Christopher 'Theodore, archetype of the warrior saint'. In: Revue des études byzantines, 57, 1999, 163–210.
Walter, Christopher "The Warrior Saints in Byzantine Art and Tradition". Hants/Burlington 2003a.
Walter, Christopher 'Saint Theodore and the Dragon'. In: Through a Glass Brightly: Studies in Byzantine and Medieval Art and Archaeology, Presented to David Buckton. Oxford 2003b, 95–106.
Walther, Ingo. F. "Sämtliche Miniaturen der Manesse-Liederhandschrift". Stuttgart 1981.
Warland, Rainer 'Byzanz und die Alemannia. Zu den frühbyzantinischen Vorlagen der Hüfinger Scheiben'. In: Jahrbuch für Antike und Christentum 54, 2013, 132–139.

Watkins, Calvert "How to Kill a Dragon. Aspects of Indo-European Poetics". Oxford 1995.

White, Monica "Military Saints in Byzantium and Rus, 900–1200". Cambridge 2013.

Wide, Sam 'Grabesspende und Totenschlange'. In: Archiv für Religionswissenschaft 12, 1909, 221–223.

Williams, John "The Illustrated Beatus. A Corpus of Illustrations of the Commentary on the Apocalypse". 5 vols. London 1994–2003.

Wimmer, Otto/Melzer, Hartmann "Lexikon der Namen und Heiligen". Innsbruck 1988.

Wiseman, Donald John "Cylinder Seals of Western Asia". London 1959.

Wittfogel, Karl A. 'China und die ostasiatische Kavallerie-Revolution' In: Ural-Altaische Jahrbücher 49, 1977, 5–68.

Wright, Nicholas L. 'Who's killing whom on the coinage of Patraos of Paionia'. In: Journal of the Numismatic Association of Australia 22, 2011, 19–49.

Wright, Nicholas L. 'The Horseman and the Warrior: Paionia and Macedonia in the Fourth Century BC'. In: The Numismatic Chronicle 172, 2012, 1–26.

Xint'ibiże → Khintibidze

Zarncke, Friedrich 'Über den althochdeutschen Gesang vom heiligen Georg'. In: Berichte über die Verhandlung der Königlichen Sächsischen Gesellschaft der Wissenschaften zu Leipzig, phil.-hist. Classe 26, 1874, 1–42.

Zarncke, Friedrich 'Eine zweite Redaction der Georgslegende aus dem 9. Jahrhundert'. In: Berichte über die Verhandlung der Königlichen Sächsischen Gesellschaft der Wissenschaften zu Leipzig, phil.-hist. Classe 27, 1875, 256–277.

Zuckerman, Constantine 'The Reign of Constantine V in the Miracles of St. Theodore The Recruit (*BHG 1764*)'. In: Revue des études byzantines 46, 1988, 191–210.

Zuraschwili, Maia 'Die Überlieferungen über den Heiligen Georg'. In: Kaukasische Post 45, Januar/Februar 2004, 26–28.

掲載図版一覧

【口絵】

［01］聖ゲオルギウス殉教1700年記念切手、バチカン、2003年（slaniastamps-heindorffhus.com より）
［02］ジョージア・トビリシの聖ゲオルギウス像、2006年（Wikimedia Commons より）
［03］ソブリン金貨、イギリス、2015年（taiseicoins.com より）
［04］新兵募集ポスター、イギリス、1915年（Wikimedia Commons より）
［05］ドナテロ、イタリア、1416–1417年、バルジェロ美術館蔵
［06］ロヒール・ファン・デル・ウェイデン、フランドル、1432年頃、ワシントン・ナショナル・ギャラリー蔵
［07］ベルナルド・マルトレル、カタルーニャ、1435年頃、シカゴ美術館蔵
［08］パオロ・ウッチェロ、イタリア、1470年頃、ロンドン・ナショナル・ギャラリー蔵
［09］アルブレヒト・デューラー、ドイツ、1501/1504年（Wikimedia Commons より）
［10］ヴィットーレ・カルパッチオ、イタリア、1502–1508年、ヴェネツィア、サン・ジョルジョ・デリ・スキアヴォーニ同信会館蔵
［11］ラファエロ・サンツィオ、イタリア、1504–1506年頃、左はルーヴル美術館蔵、右はワシントン・ナショナル・ギャラリー蔵
［12］ミシェル・コロンブ、フランス、1509–1510年、ルーヴル美術館蔵
［13］フリードリヒ・ズストリス創案、ドイツ、1590年頃、ミュンヘン・レジデンツ宝物館蔵
［14］ピーテル・パウル・ルーベンス、フランドル、1606年頃、プラド美術館蔵
［15］エーギット・クヴィリン・アーザム、ドイツ、1721年頃、ヴェルテンブルク、聖ゲオルク修道院聖堂主祭壇
［16］ギュスターヴ・モロー、フランス、1890年、ロンドン・ナショナル・ギャラリー蔵
［17］ケトスを退治するペルセウスとアンドロメダの陶器絵、ギリシア、紀元前4世紀（Altes Museum, Staatliche Museen zu Berlin – Stiftung Preußischer Kulturbesitz 画像提供）ベルリン博物館旧館蔵
［18］大蛇退治の青銅貨、小アジア・イシンダ、紀元前1世紀（wildwinds.com より）
［19］ペルシア兵を攻撃するアレクサンドロス大王、「アレクサンドロス大王の石棺」、小アジア・シドン出土、紀元前4世紀前半（Wikimedia Commons より）イスタンブール考古学博物館蔵
［20］ヘビを踏みつけるコンスタンティウス2世皇帝の金メダル、ローマ帝国、353年（Bibliothèque nationale de France 画像提供）フランス国立図書館蔵
［21］人面ヘビを踏みつける聖ゲオルギウスの打ち出し銀盤、ドイツ・ヒューフィンゲン出土、6世紀（Badisches Landesmuseum Karlsruhe 画像提供）バーデン州立博物館蔵
［22］サラセン人を追撃する聖ゲオルギウスの写本挿絵、フランス、12世紀末（National Library of the Netherlands 画像提供）オランダ国立図書館蔵
［23］聖ゲオルギウスの殉教イコン、ビザンティン・エジプト・シナイ、13世紀、聖エカテリニ修道院蔵

【第1章】

◉—001 ジョージアの地図（Wikimedia Commons の地図をもとに作成）
◉—002 ジョージアの「ヨーロッパ」切手、2015年（europa-stamps.blogspot.com より）
◉—003 左はポンポニウス・メラの記述に基づく世界地図の一部、イギリス、1540年（bl.uk より）。右はピエトロ・ヴェスコンテの世界地図の一部、イタリア、1320年頃（Wikimedia Commons より）
◉—004 ジョージアのワイン醸造甕（左は The Georgian National Museum 蔵、右は veniceclayartists.com より）
◉—005 ジョージア最初の切手、1919年（金子23頁）
◉—006 左は「ジョルジヤ」1921年（『模範世界地図』より）、中央は「ジョージヤ」1922年、右は「ジョージア共和国」1933年（中央と右は ifs.nog.cc より）
◉—007 ジョージアの国旗
◉—008 ジョージアの国章とパスポート（Wikimedia Commons より）
◉—009 聖ゲオルギウス殉教1700年記念切手、バチカン、2003年（slaniastamps-heindorffhus.com より）
◉—010 ジョージア・トビリシの聖ゲオルギウス像、2006年（Wikimedia Commons より）
◉—011 ロシアの国章とプーチン大統領の背後の大統領旗（cdnph.upi.com より）

◉— 012 モスクワの市章
◉— 013 ギリシアの陸軍旗（左は Wikimedia Commons、右は empires-research.com より）
◉— 014 英国旗の歴史（Wikipedia より）
◉— 015 聖ジョージ旗（telegraph.co.uk より）
◉— 016 マルタに贈られたジョージ十字勲章（Wikimedia Commons より）
◉— 017 マルタの国旗
◉— 018 ジョージ王子 2 歳誕生日記念銀貨、イギリス、2015 年（taiseicoins.com より）
◉— 019 ソブリン金貨、イギリス、2015 年（taiseicoins.com より）
◉— 020 新兵募集ポスター、イギリス、1915 年（Wikimedia Commons より）
◉— 021 全国愛国者大会ポスター、イギリス、1915 年（ww1propaganda.com より）
◉— 022 戦時国債宣伝ポスター、イギリス、1915 年（ww1propaganda.com より）
◉— 023 ドイツ皇帝の自国民向け宣戦布告告知ポスター、1914 年（ww1propaganda.com より）
◉— 024 戦時国債宣伝ポスター、オーストリア＝ハンガリー、1917 年（ww1propaganda.com より）
◉— 025 聖ゲオルギウスの日のポスター、ロシア、1914-1916 年（Wikimedia Commons より）
◉— 026 義援金つき切手、ロシア、1914 年（金子 22 頁）
◉— 027 戦争犠牲者救援収入印紙、モスクワ市、1914 年（Wikimedia Commons より）
◉— 028 ポーランド支援ポスター、アメリカ、1943 年（justiceilluminated.szyk.org より）
◉— 029 バイエルン人民党選挙ポスター、ドイツ、1924 年（Sanct Georg 181 頁）
◉— 030 ナチス占領終結一周年記念切手、チェコスロバキア、1946 年（金子 84 頁）
◉— 031 ボーイスカウト姿の聖ゲオルギウス、ベーデン＝パウエル画、20 世紀初め（Drawings used with permission of The Scout Association（UK）Heritage Collection）
◉— 032 ボーイスカウト創設 50 周年記念切手、西ドイツ、1961 年
◉— 033 アル中防止展示会ポスター、ドイツ、1907 年（Sanct Georg 181 頁）
◉— 034 左は結核予防基金切手、スペイン、1945 年（金子 84 頁）、右はロンドン大学医学部外科医学生支援会のマーク（Wikipedia より）
◉— 035 左はバルセロナの「サン・ジョルディの日」（blog.enodius.com より）、右はバルセロナの旗で、聖ゲオルギウス旗とカタルーニャ旗の組み合わせ
◉— 036 フォレロー財団 25 周年記念切手、無目打版、モーリタニア、1978 年（金子 159 頁）

【第 2 章】
◉— 037 聖ゲオルギウスの教会壁画、左はジョージア・アディシ、11 世紀末（模写、Privalova 図 18）、右はロシア・スタラヤラドガ、12 世紀後半（i.47news.ru より）
◉— 038 ペルセウスとアンドロメダの陶器絵、ギリシア、紀元前 6 世紀（左は astroclock2010.wordpress.com より、右はカーペンター図 158）
◉— 039 ペルセウスとアンドロメダの陶器絵、ギリシア、紀元前 4 世紀（左は Altes Museum, Staatliche Museen zu Berlin – Stiftung Preußischer Kulturbesitz 画像提供、右は hellenica.de より）
◉— 040 ペルセウスとアンドロメダの陶器絵、南イタリア、紀元前 350 年頃（historyforkids.org より）
◉— 041 ペルセウスとアンドロメダのモザイク画、左は小アジア・ガジアンテプ、ローマ帝国時代（flickriver.com より）、右はビザンティン、6/7 世紀（uvm.edu より）
◉— 042 ペルセウスとアンドロメダの青銅貨、左はローマ帝国、217–218 年（teegeeoperanobilia.blogspot.jp より）、右はローマ帝国、238–244 年（forumancientcoins.com より）
◉— 043 ヘラクレスとヘシオネの陶器絵、ギリシア、紀元前 550 年頃（theoi.com より）
◉— 044 ケトスを退治するヘラクレスの陶器絵、ギリシア、紀元前 540 年頃（greatnet.de より）
◉— 045 王女を救出する聖ゲオルギウスの壁画、左はイタリア・コンコルディアサジタリア、11 世紀（art.com より）、右はフランス・クレサク＝サンジェニ、1170–1180 年（cressac.panoglobe.com より）
◉— 046 剣で戦う聖ゲオルギウス像、左はフランスの写本挿絵、11 世紀末（Johns 図 18）、右はイタリア・フェラーラの浮き彫り、1135 年頃（brunnenturmfigur.de より）
◉— 047 槍で戦う聖ゲオルギウス像、左はサレルノ伯ロジェのコイン、中東・アンティオキア公国、1112–1119 年（Wikimedia Commons より）、中央はフランスの写本挿絵、12 世紀初め（Haubrichs 1984、図 11）、右はイタリア・ペトレラティフェルニナの浮き彫り、1200 年頃（francovalente.it より）
◉— 048 聖ゲオルギウスの印章押印、ドイツ・バンベルク、1097 年・1116 年（左は Haubrichs 1979、図 28、右は Sanct Georg 184 頁）
◉— 049 聖テオドルスの青銅レリーフ、ビザンティン・小アジア東部、10/11 世紀（?）（Sanct Georg154 頁）
◉— 050 聖ゲオルギウスの鋳型、ビザンティン・小アジア・スミュルナ、6/7 世紀（左は Haubrichs 1979、図 27、右

は Braunfels-Esche 図 77 を左右反転）

◉— 051 大蛇退治の青銅貨、小アジア・イシンダ、紀元前 1 世紀（左は wildwinds.com、中央は educators.mfa.com、右は asiaminorcoins.com より）

◉— 052 聖ゲオルギウスのレリーフ、ジョージア・ホジョルニ、6/7 世紀（左は Kuehn 図 103、右は Iamanidzé 2016、図 17）

◉— 053 左はジョージア出土の騎乗者陶器絵、紀元前 3 世紀（"National Treasures of Georgia" 図 72）、右は騎乗神の金製印章指輪、紀元前 4 世紀（Iamanidzé 2016、図 2）

◉— 054 聖ゲオルギウスのコプト織、エジプト、左と中央は 4/5 世紀（wfa.glbx.image-data.com より）、右は 8 世紀（Skulpturensammlung und Museum für Byzantinische Kunst, Staatliche Museen zu Berlin – Stiftung Preußischer Kulturbesitz 画像提供）

◉— 055 ゼウス神の陶器絵、ギリシア、紀元前 550 年頃（theoi.com より）

◉— 056 アポロ神の銀貨、南イタリア・クロトン、紀元前 420–390 年頃（Franke/Hirmer 図 267）

◉— 057 カドモスの陶器絵、左はギリシア・エウボエア、紀元前 560–550 年（Wikimedia Commons より）、右は紀元前 4 世紀（theoi.com より）

◉— 058 イアソンの陶器絵、ギリシア、紀元前 4 世紀（users.clas.ufl.edu より）

◉— 059 ヘラクレスのレリーフ皿、ローマ時代（Wikimedia Commo ns より）

◉— 060 ヘラクレスの陶器絵、エトルリア、紀元前 525 年頃（Wikimedia Commons より）

◉— 061 ヘラクレスの銀貨、クレタ・パイストス、紀元前 300 年頃（Jenkins/Küthmann 図 261）

◉— 062 ベレロポンの銀貨表裏、ギリシア・コリント、紀元前 4 世紀（Franke/Hirmer 図 488）

◉— 063 ベレロポンのモザイク画、小アジア・ロドス、紀元前 3 世紀（flickr.com より）

◉— 064 ベレロポンの打ち出し銀盤、西カザフスタン出土、紀元前 2 世紀（Treister 図 2）

◉— 065 アミュンタス 3 世の銀貨表裏、ギリシア・マケドニア、紀元前 393-370/369 年（Münzkabinett der Staatlichen Museen Berlin, Online Catalogue より）

◉— 066 騎乗狩猟者の玉髄製印章、ギリシア、紀元前 4 世紀（beazley.ox.ac.uk より）

◉— 067 アレクサンドロス大王記念競技会メダル（複製の中央部）、ローマ帝国・ギリシア、230 年（archaicwonder.tumblr.com より）

◉— 068 アンバラシ出土の石棺、ローマ帝国・小アジア、2 世紀（funkystock.photoshelter.com より）

◉— 069 マリッサ出土の墓室内壁画、パレスティナ、紀元前 3 世紀（Peters/Thiersch 図 6）

◉— 070 騎乗狩猟者の金製印章とその押印、ギリシア、紀元前 5 世紀（archaicwonder.tumblr.com より）

◉— 071 アレクサンドロス大王のカメオ、ローマ帝国・イタリア、1 世紀（hermitage.nl より）

◉— 072 コンスタンティヌス大帝凱旋門の円形レリーフ、ローマ帝国・ローマ、117–138 年（左は pintrest.com、右は ancientrome.ru より）

◉— 073 テッサロニケ出土の追悼碑、ローマ帝国・ギリシア、140 年頃（Stefanidou-Tiveriou 2012、図 1）

◉— 074 サリフリ出土の石棺、ローマ帝国・小アジア、2 世紀（romeartlover.tripod.com より）

◉— 075 スミュルナ出土の石棺とその復元図、ローマ帝国・小アジア、215 年頃（byzantinemuseum.gr より）

◉— 076 トラキアの金メッキ銀製アップリケ、左は紀元前 400–350 年、右は紀元前 4 世紀末（『古代トラキア黄金展』図 277 と 328）

◉— 077 トラキアの金メッキ銀製鉢、紀元前 4 世紀後半（Marazov 図 133）と金製印章指輪、紀元前 4 世紀（thracian-art.artsstudies.bg と bulgariatravel.tv より）

◉— 078 トラキアの墓室内壁画、ブルガリア・アレクサンドロヴォ、紀元前 4 世紀（Wikipedia より）

◉— 079 トラキアの騎乗神レリーフ、2/3 世紀、（左は Wikimedia Commons、右は kroraina.com より）

◉— 080 トラキアの騎乗神レリーフ、2/3 世紀（左は Walter 2003、図 11、中央は kornbluthphoto.com より、右は Kazarow 図 2）

◉— 081 トラキアの騎乗神石像、2/3 世紀頃（左は myshared.ru、右は varna-bulgaria.info より）

◉— 082「マダラの騎士」（nationalgeographic.bg より）とその 1998 年発行記念銀貨（en.numista.com より）、ブルガリア・マダラ、700 年頃

◉— 083 トラキアの騎乗戦士の陶器絵、ギリシア、紀元前 530–520 年（flickr.com より）

◉— 084 スキタイの騎乗戦士の金製櫛上部、東ウクライナ・ソロハ出土、紀元前 4 世紀前半（末崎、図 69）

◉— 085 騎乗戦士の陶器絵、ギリシア、紀元前 4 世紀（左は flickr.com、中央は theoi.com より、右は『南ロシア騎馬民族遺宝展』図 29）

◉— 086 デクシレオスの追悼碑、ギリシア・アテネ、紀元前 394 年（archaicwonder.tumblr.com より）

◉— 087 左は「アレクサンドロス大王の石棺」、小アジア・シドン、紀元前 4 世紀前半（Wikimedia Commons より）、右はアレクサンドロス大王の青銅像、ローマ帝国時代（レーヴィ 171 頁）

◉— 088 アレクサンドロス大王の銀貨、紀元前 324 年頃（左は『馬のコイン展』図 4-1、中央は history-of-macedonia.com より、右は Holt 図 6）

◉— 089 アテネ軍騎乗戦士追悼碑台座の左側面と正面と右側面、ギリシア、紀元前 4 世紀初め（Karo 図 2、1、3）
◉— 090 左はロマニウスの墓碑、マインツ、1 世紀（uni-erfurt.de より）、中央は フラウィウスの墓碑、ケルン、1 世紀（homepages.uni-tuebingen.de より）、右はレブルスの墓碑、ボン、1 世紀（ubi-erat-lupa.org より）
◉— 091 左はルフスの墓碑、グロスター、1 世紀（flickr.com より）、中央はゲニアリスの墓碑、サイレンセスター、1 世紀（teachinghistory100.org より）、右はロンギヌスの墓碑、コルチェスター、1 世紀（flickr.com より）
◉— 092 ロンギヌスの復元墓碑（angelfire.com より）
◉— 093 騎乗戦士の銀貨、シチリア・ゲラ、左（Franke/Hirmer 図 155）と中央（billdonovan.files.wordpress.com より）は紀元前 490-475 年、右（Münzkabinett der Staatlichen Museen Berlin, Online Catalogue より）は紀元前 425-420 年頃
◉— 094 騎乗戦士の青銅貨（左は Szaivert/Sear 2064 番、中央と右は numisbids.com より）、ギリシア・ペリンナ、紀元前 5/4 世紀
◉— 095 騎乗戦士の銀貨、パエオニア、紀元前 340/335-315 年（wildwinds.com より）
◉— 096 パトラオス王銀貨の模刻（左は balkancelts.files.wordpress.com より、中央は Wright 2012、図 8、右は vosper4coins.co.uk より）
◉— 097 テウタマドス王の銀貨、パエオニア、紀元前 315-310 年（左は coinsweekly.com より、中央と右は Gerassimov 図 1）
◉— 098 騎乗戦士の銀貨、ローマ共和国、紀元前 55 年（左は muenzen-ritter.com より、右は『馬のコイン展』図 4-11）
◉— 099 ドミティアヌス帝の青銅貨、ローマ帝国、85–87 年（左は fredericweber.com、右は Münzkabinett der Staatlichen Museen Berlin, Online Catalogue より）
◉— 100 トラヤヌス帝の金貨（左、dirtyoldcoins.com より）と銅貨（『馬のコイン展』図 4-13 と tjbuggey.ancients.info より）、ローマ帝国、103–111 年頃
◉— 101 ゲタ帝の銀貨（左、wildwinds.com より）と青銅貨（Seaby 図 1936A）、ローマ帝国 209–211 年
◉— 102 プロブス帝の銀銅合金貨、ローマ帝国、276–282 年（wildwinds.com より）
◉— 103 ディオクレティアヌス帝の銀貨（nbeonline.de より）ローマ帝国、286–305 年
◉— 104 ガレリウス帝の金貨（左、nbeonline.de より）と銀メッキ銅貨（Wikimedia Commons より）、青銅貨（Münzkabinett der Staatlichen Museen Berlin, Online Catalogue より）、ローマ帝国、297–307 年
◉— 105 コンスタンティヌス大帝の金貨（左、Münzkabinett der Staatlichen Museen Berlin, Online Catalogue より）と青銅貨（Cohen 7 巻 307 頁）、ローマ帝国、307–337 年
◉— 106 クリスプス副帝の金貨（左、Münzkabinett der Staatlichen Museen Berlin, Online Catalogue より）と銀貨（dirtyoldcoins.com より）、ローマ帝国、324–325 年
◉— 107 左はコンスタンティヌス 2 世皇帝の青銅貨（Cohen 7 巻 374 頁）、右は彼のカメオ（Falke 第 1 巻 63 頁）、ローマ帝国、337–340 年
◉— 108 ネポティアヌス僭帝の銀貨、ローマ帝国、350 年（romancoins. info より）
◉— 109 マグネンティウス僭帝の青銅貨、ローマ帝国、350–351 年（左は wildwinds.com、右は moneta-coins.com より）
◉— 110 コンスタンティウス 2 世皇帝の青銅貨、ローマ帝国、337–350 年（左は Münzkabinett der Staatlichen Museen Berlin, Online Catalogue、中央と右は wildwinds.com より）
◉— 111 コンスタンティウス 2 世皇帝の金メダル、ローマ帝国、353 年（Bibliothèque nationale de France 画像提供）
◉— 112 コンスタンティヌス大帝の銀メッキ銅貨、ローマ帝国、327 年（左は eboracum.org、中央は wildwinds.com、右は show10goo.com より）
◉— 113 カエサルの銀貨、ローマ共和国、紀元前 49/48 年（左は Wikimedia Commons、中央は Münzkabinett der Staatlichen Museen Berlin, Online Catalogue、右は numisbids.com、より）
◉— 114 ホノリウス帝の金貨、西ローマ帝国、395–423 年（左と中央は wildwinds.com、右は tesorillo.com より）
◉— 115 ワレンティニアヌス 3 世皇帝の金貨、西ローマ帝国、451 年（左は Münzkabinett der Staatlichen Museen Berlin, Online Catalogue、中央は beastcoins.com、右は romancoins.info より）
◉— 116 アダムとエヴァを誘惑する人面ヘビ、左は聖書写本の挿絵、パリ、13/14 世紀（Bonnel 266 頁）、右は印刷本の挿絵、ヴェネツィア、1492 年（fulltable.com より）
◉— 117 ドミティアヌス帝の銅貨、ローマ帝国、左は 95/96 年（britishmuseum.org より）、下はその部分拡大、右は 85 年（wildwinds.com より）
◉— 118 マクシムス帝の金貨、西ローマ帝国、455 年（wildwinds.com より）
◉— 119 マヨリアヌス帝の金貨、西ローマ帝国、457–461 年（Münzkabinett der Staatlichen Museen Berlin, Online Catalogue より）
◉— 120 リビウス・セウェルス帝の金貨、西ローマ帝国、461–465 年（wildwinds.com より）
◉— 121 ワレンティニアヌス 3 世皇帝金貨の模刻、西ゴート王国、451–500 年（Münzkabinett der Staatlichen Museen Berlin, Online Catalogue より）

◉— 122『シュトゥットガルトの詩篇』挿絵、フランク王国、820–830 年（絵葉書より）
◉— 123 イエスの護符、ビザンティン・地中海東部地域、5 世紀（www2.szepmuveszeti.hu より）
◉— 124 大天使ミカエルの象牙板レリーフ、フランク王国、810 年頃（Sanct Georg 167 頁）
◉— 125 大天使ミカエルの写本挿絵、ドイツ、14 世紀初め（絵葉書より）
◉— 126 天使の写本挿絵、ドイツ、1020 年頃（絵葉書より）
◉— 127. ソロモンの護符、ビザンティン・地中海東部地域、3–5 世紀（左は Walter 2003a、図 17、中央は romannumismatics.com、右は christies.com より）
◉— 128 聖シシニオスのフレスコ画彩色模写図、ビザンティン・エジプト・バウィト、6 世紀（Deckers 49 頁）
◉— 129 青銅製の護符、ビザンティン・地中海東部地域、6/7 世紀（左は Sanct Georg 147 頁、右は Bonner 図 309）
◉— 130 ホルス神の石窓飾り、エジプト、4 世紀（Louvre Museum, oeuvre-notices より）
◉— 131 プトレマイオス 3 世のレリーフ、エジプト、紀元前 246–222 年（nilemuse.com より）
◉— 132 プリーツハウゼン出土の打ち出し金盤、ドイツ、7 世紀初め（900 Jahre Pliezhausen 表紙見返し）とその模写図（asatruschweiz.bplaced.net より）、右はドラヌスの墓碑、ヴィースバーデン、1 世紀（ubi-erat-lupa.org より）
◉— 133 サトンフー出土の兜、イギリス、7 世紀初め（Marzinzik 図 13）とその複製（modeknit.com より）と装飾板の模写図（earlybritishkingdoms.com より）
◉— 134 ホルンハウゼン出土の騎乗戦士の石板レリーフ、ドイツ、7 世紀前半（Andert 表紙）と石板復元図（Böhner 1976/77、図 14）とザクセン＝アンハルト州ベルデ郡の紋章（boerdekreis.de より）
◉— 135 ヴェンデル出土の兜、スウェーデン、7 世紀（hubert-herald.nl より）と装飾板模写図の切手、スウェーデン 1975 年（catawiki.com より）
◉— 136『バレンシアの黙示録』挿絵、スペイン、9 世紀初め（enluminure.culture.fr より）
◉— 137『黄金詩篇』挿絵、フランク王国、9 世紀末（e-codices.unifr.ch より）
◉— 138 鍍金銀製帝王狩猟文皿、ササン朝ペルシア、7 世紀頃（左は『ペルシャ文明展』図 167、右はブルーム / ブレア、図 63）
◉— 139 ホルムズド 2 世の磨崖碑、ササン朝ペルシア、303–309 年（『世界美術大全集・西アジア』図 272）
◉— 140 チャン出土の彩色石棺、アケメネス朝ペルシア、紀元前 4 世紀前半（左は studyblue.com、右は flickr.com より）
◉— 141 印章の押印、アケメネス朝ペルシア、紀元前 5/4 世紀（左は christies.com より、中央は Boardman 図 905、右は beazley.ox.ac.uk より）
◉— 142 印章の押印、アケメネス朝ペルシア、紀元前 5/4 世紀（左は christies.com、中央は iranian.com、右は beazley.ox.ac.uk より）
◉— 143 キュロス 1 世の押印粘土板、アケメネス朝アンシャン、紀元前 7 世紀（左は pugetsound.edu、右は Wikimedia Commons より）
◉— 144 アッシリアのレリーフ、紀元前 8/7 世紀（左はパロ、図 63、右は reddit.com より）
◉— 145 狩猟文双口壺、イラン南西部、紀元前 1000 年頃（『馬のシルクロード』図 3）
◉— 146「パルティアンショット」、左は円筒印章の押印、アケメネス朝ペルシア、紀元前 5/4 世紀（Wiseman 図 115）、右は浮彫文緑釉杯、シリヤ、紀元前 1 世紀（Rostovtzeff 図 107,1）
◉— 147「パルティアンショット」、左は「トロワの手箱」、ビザンティン、10 世紀（warfare. altervista.org より）、中央は「ビザンティンの象牙板手箱」、11/12 世紀（img-fotki.yandex.ru より）、右はスペインの写本挿絵、975 年（warfare. altervista.org より）
◉— 148 カラエの戦い、想像図（althistory.wikia.com より）
◉— 149「パルティアンショット」、左は墓門の彩色画像石、後漢代 100 年頃（『中国文明展』図 82）、右はシャプール 2 世の銀製皿、ササン朝ペルシア、4 世紀（『シルクロードの遺宝』図 74）
◉— 150「パルティアンショット」、左はトルファン・獅子狩文ろうけつ染め、唐代 8 世紀（『中国美術全集 6』図 135）、中央はマハムド・イブン・スンクル作の筆箱底面、モンゴル・イル＝ハン国、1281–1282 年（Kuehn 図 93 より）、右はモンゴル・イル＝ハン国の銀貨、13 世紀（coinweek.com より）
◉— 151「パルティアンショット」、左は法隆寺・四騎獅子狩文錦、唐代 7/8 世紀（『馬と人間の歴史』図 193）、右は正倉院・銀壺、唐代 8 世紀（『第 62 回正倉院展』73 頁）
◉— 152 左は『マネッセ歌謡集』挿絵、14 世紀前半（Walther 図 22）、右は『フランス大年代記』挿絵、14 世紀後半（Wikimedia Commons より）
◉— 153「パルティアンショット」、左は『シュトゥットガルトの詩篇』挿絵、フランク王国、820-830 年（kunstmuseum-hamburg.de より）、右は『マネッセ歌謡集』挿絵、14 世紀前半（Walther 図 73）
◉— 154「パルティアンショット」と「グレコローマンアタック」、アルメニア・アフタマル（Aghtamar 図 37 と 47）
◉— 155 聖ゲオルギウスの泉、左と中央はドイツ・フライブルク（Andreas Meckel 氏画像提供）、右はドイツ・ローテンブルク（foto-page.net より）
◉— 156 聖ゲオルギウスの泉、左はドイツ・ラインラント＝プファルツ州トレヒティングスハウゼン近傍（visibi.de より）、中央はギリシア・クレタ島・ザロス（twitter.com: Helen A. より）、右はスペイン・カタルーニャ州パジェ

ロルス（santiago-compostela.net より）
◉— 157「フルトの竜突き」の看板と最終場面（de.tourispo.com より）
◉— 158 習俗と伝統シリーズ切手「フルトの竜突き」、ドイツ、2001 年
◉— 159 19 世紀中頃の「フルトの竜突き」(Braunfels-Esche 図 213)
◉— 160 「フルトの竜突き」子供版（mittelbayerische.de より）
◉— 161 聖ゲオルギウスの壁画、フライブルク、1903 年（wikiwand.com より）
◉— 162 聖ゲオルギウスの壁画、ノイシュヴァーンシュタイン城、1886 年頃（Wikimedia Commons より）

【第 3 章】

◉— 163 サラセン人を制圧する聖ゲオルギウス像、イギリス・フォーディントン、1100 年頃（上は dorset-ancestors.com、下は sussexchurches.co.uk より）
◉— 164 サラセン人を制圧する聖ゲオルギウス像、イギリス・デイムラム、1100 年頃（crsbi.ac.uk より）
◉— 165 サラセン人を追撃する聖ゲオルギウスの写本挿絵、フランス、12 世紀末（National Library of the Netherlands 画像提供）
◉— 166 聖ゲオルギウスの壁画、ビザンティン・エジプト・バウィト、6 世紀（Deckers 49 頁）
◉— 167 聖ゲオルギウスの先導十字架、ビザンティン・シリア、6 世紀後半（左は模写図、Haubrichs 1979、図 6、右はその部分拡大）
◉— 168 「アルバヴィルの三つ折り象牙板」と聖ゲオルギウスのレリーフ、ビザンティン、950 年頃（左は『世界美術大全集・ビザンティン美術』図 98、右は Wikimedia Commons より）
◉— 169 聖ゲオルギウスの滑石レリーフ、ビザンティン・ギリシア・アトス、10/11 世紀（protostrator.blogspot.com より）
◉— 170 聖ゲオルギウスの打ち出し銀板、ジョージア、11/12 世紀（Riches 2005, 13 頁）
◉— 171 聖ゲオルギウスの石板レリーフ、ヴェネツィア、12 世紀（Wikimedia Commons より）
◉— 172 聖ゲオルギウスの打ち出し銀板、ジョージア、10/11 世紀（左は “National Treasures of Georgia” 図 117、中央は Iamanidzé 2016、図 83、右は Riches 2005、14 頁）
◉— 173 ドイツ・ヒューフィンゲン出土の打ち出し銀盤、北イタリア（ビザンティン？）6 世紀（Warland 図 6a）
◉— 174 ヒューフィンゲン出土銀盤の聖ゲオルギウス（左、Badisches Landesmuseum Karlsruhe 画像提供）と聖テオドルス（右、Römisch-Germanisches Zentralmuseum Mainz 画像提供）
◉— 175 聖母子を警護する聖テオドルス（左）と聖ゲオルギウス（右）のイコン、ビザンティン・エジプト・シナイ、6 世紀末（Holy Image 図 46）
◉— 176 聖テオドルス（左）と聖ゲオルギウス（右）のイコン、ビザンティン・エジプト・シナイ、9/10 世紀（Holy Image 図 102）
◉— 177 聖テオドルス（左）と聖ゲオルギウス（右）のレリーフ、アルメニア・アフタマル、915–921 年（左は Aghtamar 図 48、右は Wikimedia Commons より）
◉— 178 聖ゲオルギウス（左）と聖テオドルス（右）のレリーフ、ジョージア・ジョイスバニ、10 世紀（Iamanidzé 2016、図 43 と 42）
◉— 179 聖テオドルス（左）と聖ゲオルギウス（右）のレリーフ、ジョージア・ニコルツミンダ、11 世紀初め（Iamanidzé 2016、図 73 より）
◉— 180 聖ゲオルギウス（左）と聖テオドルス（右）のレリーフ、キエフ、12 世紀初め（Warland 図 6, b）
◉— 181 聖テオドルス（左）と聖ゲオルギウス（右）のフレスコ画、ビザンティン・小アジア・カッパドキア、1212 年（mundus-reizen.com より）
◉— 182 聖ゲオルギウス（右）の陶製イコン、マケドニア・ヴィニカ、5/6 世紀（Tonikonen 図 54）
◉— 183 聖テオドルスの陶製イコン、マケドニア・ヴィニカ、5/6 世紀（Tonikonen 図 45）
◉— 184 ワレンティニアヌス 3 世（左）とヴィニカの聖ゲオルギウス（右）
◉— 185 ヒューフィンゲン出土銀盤の聖ゲオルギウスに退治された人面ヘビ
◉— 186 聖テオドルス（左）、聖ゲオルギウス（中央）、聖デメトリウス（右）の凍石レリーフ、ウクライナ南部・ヘルソン、12 世紀（protostrator.blogspot.com より）

【第 4 章】

◉— 187『聖ゲオルギウスの受難』（X/S）と『ゲオルクの歌』（GL）との対比（高橋 1990、351 頁）
◉— 188 聖ゲオルギウスの殉教十字架、ジョージア、11 世紀（上は Schrade 図 1、下は Didi-Huberman 他、27 頁）
◉— 189 聖ゲオルギウスの殉教イコン、ビザンティン・エジプト・シナイ、13 世紀（Holy Image 158 頁）
◉— 190 聖ゲオルギウスの殉教イコン、ビザンティン・エジプト・シナイ、13 世紀（Jöckle 6 頁）
◉— 191 聖ゲオルギウスの殉教イコン、ロシア、13/14 世紀（Jöckle 19 頁）

◉— 192 聖ゲオルギウスの殉教壁画、ドイツ・パイセンベルク、1400 年頃（Biller 360 頁）
◉— 193 「聖王ルイの洗礼盤」、マムルーク朝エジプト＝シリア、14 世紀前半（左は louvre.fr、右は warfare.altervista.org より）
◉— 194 イスラムの「聖ゲオルギウス」、左はセルジューク朝トルコの燭台台座、13 世紀（warfare.altervista.org より）、右はスペインの写本挿絵、975 年（histoireislamique.files.wordpress.com より）
◉— 195 イスラムの「聖ゲオルギウス」、王宮礼拝堂の天井画、イタリア・シチリア・パレルモ、12 世紀半ば（Johns 図 16）

【第 5 章】
◉— 196 ローマ帝国時代の小アジア（コーネル／マシューズ 173 頁）
◉— 197 第 1 次四分統治時代のローマ帝国、293-305 年（塩野、第 13 巻 67 頁をもとに作成）
◉— 198 第 1 次四分統治記念碑、コンスタンティノープル、4 世紀、1204 年より在ヴェネツィア（Wikipedia Commons より）
◉— 199 四分統治を示威する銀貨、298–301 年頃（Wikimedia Commons より）
◉— 200 ディオクレティアヌス帝の銀メッキ銅貨（cngcoins.com より）と石像（corndancer.com より）
◉— 201 ガレリウス帝の青銅貨（ma-shops.com より）と石像（imperiumromanum.com より）
◉— 202 ワレリア妃の金貨（左、fuenterrebollo.com より）と銀メッキ銅貨（coincommunity.com より）と青銅貨（nbeonline.de より）
◉— 203 マクシミヌス・ダイア帝の青銅貨（wildwinds.com より）と石像（studyblue.com より）
◉— 204 リキニウス帝の金貨（wildwinds.com より）と石像（flickr.com より）
◉— 205 ガレリウス宮殿の小アーチ、ローマ帝国・ギリシア・テッサロニケ、308–311 年（Stefanidou-Tiveriou 1995、図 4、1、5）
◉— 206 コンスタンティヌス大帝の金貨（wildwinds.com より）と石像（metmuseum.org より）
◉— 207 ディオクレティアヌス宮殿の復元図（左は sunnydalmatia.net より、右は塩野、第 13 巻 129 頁をもとに作成）
◉— 208 ディオクレティアヌス帝廟（langdale-associates.com より）
◉— 209 ディオクレティアヌス帝廟の内部復元図（Marasović 1994、108 頁）
◉— 210 ディオクレティアヌス帝の石棺破片（triciaannemitchell.com より）
◉— 211 ディオクレティアヌス宮殿の現状（portpromotions.com より）
◉— 212 プリスカ妃の彫像台座（Jeličić-Radonić 13 頁）
◉— 213 プリスカ妃かワレリア妃の彫像断片（Archaeological Museum in Split, Tonći Seser 氏画像撮影）
◉— 214 ディオクレティアヌス帝のレリーフ（ECO HVAR, Živko Bačić 氏画像撮影）
◉— 215 プリスカ妃のレリーフ（ECO HVAR, Živko Bačić 氏画像撮影）